DOMFRONT

ET SON SIÉGE DE 1574

DOMFRONT

SON SIÉGE

DE 1574

ET SA CAPITULATION

D'après les Documents officiels et divers Manuscrits contemporains,

PUBLIÉS

PAR LES SOINS D'UN BIBLIOPHILE NORMAND.

DOMFRONT

IMPRIMERIE-LIBRAIRIE DE F. LIARD

PLACE GODRAS

—

1879

PREMIÈRE PARTIE

DOMFRONT

SON SIÉGE DE 1574

ET SA CAPITULATION

D'après les dépêches du Roi Charles IX, de la Reine Catherine de Médicis, les Documents officiels du temps, et la narration de de Caillières,

Publiés par les soins d'un Bibliophile normand.

La publication que nous entreprenons aujourd'hui peut être considérée comme ayant tout le mérite de la nouveauté et tout le charme d'une œuvre entièrement inédite. Elle repose sur les pièces les plus authentique du temps qui émanent des cabinets des souverains et qui portent leurs signatures royales. Ce sont les documents les plus certains de cette époque mouvementée et dramatique où la Normandie d'un bout à l'autre était en feu.

Nous croyons ainsi faire un acte de patriotisme en reproduisant sous une forme entièrement neuve le récit d'événements dès longtemps connus de nos lecteurs et de tous les historiens. Il nous sera possible, même après tant d'autres, d'élucider quelques détails restés obscurs jusqu'à présent sur ces scènes lugubres et déplorables, que nous allons esquisser sommairement. A l'aide de la correspondance du roi Charles IX et de sa mère, la trop célèbre Catherine de Médicis, nous pourrons dire, nous le croyons du moins, le dernier mot sur les termes mêmes de la capitulation de Gabriel de Montgommery rendant son épée à Matignon, son vainqueur, à l'instant où le canon venait de taire ses éclats, et au milieu des ruines encore fumantes du château de Domfront, dont le nom se rattache de cette manière à l'histoire générale de la France.

Voici notre plan :

En raison de l'importance tout exceptionnelle des dépêches royales que nous avons eu le bonheur inappréciable de retrouver à la Bibliothèque nationale de la rue Richelieu, à Paris, nous en donnons le texte dans toute sa vérité, et sans y changer une seule expression. C'est affaire de copiste.

Ces pièces qui, jusqu'à ce jour pour la plupart étaient restées inédites, que personne n'avait pensé à tirer de l'oubli (1),

---

(1) Sur les vingt dépêches royales que nous publions aujourd'hui, sept seulement ont été éditées dans la collection des Bibliophiles normands, et par les soins de M. le comte Robert d'Estaintot. Ce sont les nos I, VI, VII, VIII, XII, XV et XVI.

ont une valeur inconstestable pour Domfront, et l'on comprendra qu'il n'était pas matériellement possible de les faire connaître par voie d'analyse. D'ailleurs, c'est toujours d'après cette méthode que l'on procède et nous n'en voulons prendre qu'un seul exemple dans les *lettres missives du Roi Henri IV*, publiées par le Ministère de l'Instruction publique, dans la précieuse collection des *Documents inédits* sur l'histoire de France. Ne pas faire connaître in-extenso les dépêches de Charles IX et de la Reine Catherine eût été faire preuve d'une véritable fantaisie que nous n'avons pas pu nous permettre.

La seule question qui nous préoccupât dans notre ordonnancement était de savoir si nous ne donnerions pas plutôt cette correspondance royale comme preuves et pièces justificatives du récit du siége de Domfront par de Caillières, l'historien du maréchal de Matignon. Nous avons préféré leur assigner le premier rang. D'abord, nous le répétons, à cause de leur intérêt capital. Parce que, ensuite nous pensions que ces dépêches royales ne pouvaient et ne devaient être l'objet d'aucun contrôle et d'aucun commentaire. Enfin, parce que la narration de de Caillières dépassant les limites de la forteresse de Domfront, à laquelle se rattachent les dix-neuf lettres royales dont nous nous occupons, il nous a semblé qu'elle résumerait beaucoup mieux que nous ne pourrions le faire nous-même une correspondance qui forcément doit contenir de nombreuses redites, relater des circonstances étrangères au sujet principal que nous recherchons et renfermer parfois des épanchements d'intimité toute personnelle du roi envers son lieutenant général en Normandie.

Nous tenons cependant à faire ressortir de cette correspondance et de ces missives royales les quelques faits suivants :

Remarquons en premier lieu que toutes les lettres du roi Charles IX, qui furent adressées par lui à leur destinataire au camp de Domfront, sont datées du château de Vincennes, où il devait rendre le dernier soupir, le 31 mai 1574, dans sa 24me année (1), quatre jours seulement après la capitulation de Montgommery. La dernière dépêche, qui porte sa signature (n° 15), est à la date du 28 mai 1574. A cet instant, on ignorait encore à la cour le succès des armes de Matignon et de l'armée royale et l'on ne savait pas que celui que l'on tenait

(1) D'après le procès-verbal de l'autopsie, signé d'Ambroise Paré, le roi Charles IX, mourut phtysique.

tant à avoir mort ou vif fût déjà prisonnier depuis la veille.

Dès le jour même de la mort du roi, Catherine de Médicis, régente en l'absence du roi Henri III, transmettait ses ordres à Matignon (n° 17). Le lendemain, elle lui écrivait encore: *ne faillez de donner si bon ordre en l'estendue de vostre charge qu'il ne puisse advenir aucun changement.*

Charles IX, on le voit du reste, par ses nombreuses recommandations, tenait beaucoup à la prise de Montgommery. Il reproduit sans cesse et sous toutes les formes son désir de le voir prisonnier. Il ne fait que varier légèrement ses expressions dans ses diverses lettres (n°s 6, 7, 14, 15) : *Faites en sorte que le conte n'eschappe point.* — *J'espère que j'auray bien tost de bonnes nouvelles de la prinse de Domfront et du conte de Montgommery.* — *Des Chapelles m'a dit l'espérance qu'avez d'avoir bientost le chasteau et surtout que le conte de Montgommery ne se puisse sauver ; je m'en suis fort resjouy.* — *Ferez paiement à celluy qui prendra vif ledict de Montgommery.* — *Quand vous aurez prins ledict Domfront avec ledict Montgommery.* — *Ayez si bon ordre que ledict Montgommery et les aultres chefs ne se puissent eschapper.*

Lorsque la nouvelle de sa reddition parvînt à Vincennes, la joie de la reine mère surtout fut extrême. Elle devait s'attendre à voir son fils partager son enthousiasme, mais ce fut en vain qu'elle annonça le succès de ses armes victorieuses au jeune et malheureux roi que déjà les approches d'une mort triste et prématurée rendaient insensible. « Je me soucie de cela, dit-il à sa mère, comme de toute autre chose. »

Le roi, au surplus, dans ses instructions secrètes, avait, comme il est d'usage en pareille occurrence, tout prévu, même le cas où le général en chef, Matignon, serait tué ou blessé grièvement, peut-être fait prisonnier ou tomberait malade, et se trouverait dans la nécessité de remettre son commandement à l'un de ses lieutenants. Pour ce cas de Sanssac, qui paraît-il était le doyen d'entre eux, devait pourvoir à toutes les éventualités.

Les historiens ont longtemps discuté les termes mêmes de la capitulation de Montgommery, on s'est même demandé, si cette capitulation avait été formulée dans un écrit authentique. Aujourd'hui il semble parfaitement établi qu'elle fut seulement verbale. Un membre des plus distingués de l'Institut de France, très-versé dans la connaissance de notre histoire normande, nous a affirmé que des engagements d'honneur avaient été seuls échangés. Malgré cette affirmation, nous avons voulu faire des recherches attentives aux Archives Nationales et dans les dépôts historiques du ministère de la guerre, qui nous ont été rendus accessibles de la manière la plus gracieuse; or, nos investigations nous ont prouvé qu'il n'existait rien d'une capitulation signée de la main de Gabriel de Montgommery.

Néanmoins, la question des conditions que lui avait imposées Matignon, auquel il s'était rendu, est encore agitée de nos jours, et l'on sait seulement que si le vaincu avait demandé pour lui-même la vie sauve, le vainqueur, qui connaissait l'implacable Catherine de Médicis, n'avait pu promettre à son prisonnier *que la vie et les plus grands égards tant qu'il demeurerait entre ses mains.* Ce fait est attesté par d'Aubigné (1) lui-même. Il démontre la fausseté de l'assertion de plusieurs historiens protestants, de la Popelinière (2), de de Serres, de l'Estoile (3), de Le Laboureur, et de plusieurs écrivains catholiques, qui prétendent que la capitulation de Domfront fut violée par le juge-

(1) D'Aubigné, histoire universelle, t. 2, p. 123 et suivantes.

(2) Histoire des troubles et guerres civiles en France, pour le fait de la religion; La Rochelle 1581, 2 vol. in-12.

(3) Journal du règne de Henri III.

ment et par l'exécution de Montgommery sur la place de Grève. Les passions religieuses et politiques, on ne l'ignore pas, ont été mêlées dans cette grave discussion ; elles ont été très-vives de part et d'autre.

Mongommery par lui-même excitait le plus vif intérêt ; c'était l'un des meilleurs et des plus braves capitaines de son temps, et il semblait destiné à remplacer dans un parti Condé et Coligny. Il était permis d'admirer son courage héroïque ; il entendait l'attaque des places et donna souvent des preuves incontestables de son talent pour les défendre. Le malheur ne l'abattit jamais, et il sut tirer des ressources mêmes des événements contraires. Mais ses exploits furent souillés par des cruautés que l'histoire nous montre inséparables des guerres de religion. D'ailleurs réfléchissons avec calme sur le rôle que Montgommery avait pris vis-à-vis de son souverain, de la France et de sa patrie. C'est en guerre ouverte qu'il était pris les armes à la main, combattant contre son pays, contre ses amis, contre ses propres parents, car l'un de ses gendres était sous les ordres de Matignon. Si donc il avait à reprocher à Charles IX et à Catherine de Médicis les massacres de la saint Barthélemy, ce n'était point une excuse pour lui de fomenter la guerre civile et l'on ne pouvait exiger des vainqueurs qu'ils fissent grâce de la vie à un sujet rebelle. Aussi sommes-nous convaincus que, lors de la capitulation de Domfront, Matignon n'engagea jamais la parole royale, dont la secrète pensée lui avait été si nettement formulée dans les instructions datées des 15 et 19 mai 1574 (n°s 6 et 7). Il la connaissait mieux que personne au monde, puisque le 15 mai le roi lui avait écrit : « *Si vous pouvez prendre Montgommery et Gitry vifs, vous ferez beaucoup pour mon service et les envoyez incontinent prisonniers à Paris.* » Dans un post-scriptum qui est peut-être tout ce que nous avons de plus important dans cette correspondance, il ajoutait de sa propre main à cette dépêche cette recommandation formelle : « *Matignon, si vous me fetes le service de prendre Montgommery et Gitry en vie et me les amenez je l'estimerai au plus grand service que l'on me saurai fère.* »   « Charles. »

Le 19 mai Charles IX avait insisté auprès du général dans les termes suivants et renouvelé ses instances précédentes : « *C'est de la plus grande affection qu'il m'est possible,* lui avait écrit le roi, *que je vous prye de rechef, de sy bien pourveoir et faire en sorte qu'il* (le comte Montgommery) *n'eschappe point, mais que vous le dirigiez en bonne et sure garde prisonnier à Paris.... ou je désire plus que nulle autre chose lui faire bonne et exemplaire justice, comme vous dira aussy le sieur de Sainct Leger.*

Matignon avait donc reçu les ordres les plus circonstanciés et les plus catégoriques, des ordres écrits et des explications verbales. C'était le roi qui parlait dans ces circonstances et non sa mère. La volonté de Charles IX était bien de tenir Montgommery prisonnier et de lui faire bonne et exemplaire justice, c'est-à-dire de faire instruire son procès et de faire exécuter la sentence, qui ne pouvait être que la peine capitale.

En présence de preuves matérielles de cette nature, le doute ne nous semble pas possible. Les écrits nous sont restés, nous les retrouvons aujourd'hui après trois siècles entiers et ils sont d'une autorité indiscutable que ne sauraient refuter aucun des historiens protestants qui ont voulu défendre la cause inutile de Montgommery coupable.

Notre dernière dépêche (n° 20), est l'ordre donné à Matignon par Catherine de Médicis de faire procéder à la démolition des forteresses de Domfront, de St-Lô et de Carentan Elle est d'une certaine importance pour l'histoire militaire de ces villes qui, depuis cette époque, n'ont plus compté parmi les places fortes de la Normandie.

Maintenant, après avoir fait l'éloge de la valeur militaire de Montgommery, nous devons en bonne justice dire à quel vaillant et digne général il avait rendu son épée.

Jacques Goyon, sire de Matignon et de Lesparre, prince de Mortagne, comte de Thorigny, baron de la ville de St-Lô, marquis de Lonray, était né au château de Lonray, près Alençon, le 26 septembre 1525. Il se trouva aux principales batailles de la 2e moitié du XVIe siècle, fut successivement lieutenant-général de la Normandie, en 1557, maréchal des camps et armées du roi en 1562, gouverneur de Cherbourg en 1578, maréchal de France et chevalier des ordres du roi en 1579. En 1581, le roi, pour l'opposer au roi de Navarre, en remplacement du maréchal de Biron, le pourvut de la lieutenance générale de la Guyenne, et en 1589, du gouvernement de cette province, que le maréchal maintînt avec fermeté après la mort de Henri III, sous l'obéissance de son successeur. Matignon fit les fonctions de connétable au sacre de Henri IV et mourut dans son château de Lesparre, le 27 juillet 1597, avec la réputation d'un des plus grands hommes de son siècle, pour l'esprit, l'humanité et les talents militaires.

Trois historiens ont écrit sa vie : Brantome (1) qui ne l'aimait pas ; d'Aubigny (2) et de Caillières (3), un normand, né à Thorigny, près St-Lô.

Tous donnent des détails fort circonstanciés sur les faits d'armes du maréchal, et entrent dans de longs éclaircissements sur le siége de Domfront. Mais le récit de de Caillières nous a paru supérieur aux autres. Il est le plus complet et nous avons désiré le reproduire, parce qu'il nous a semblé que de tous les auteurs anciens il était celui qui avait puisé aux meilleures sources et qui avait fait le mieux connaître ce fait d'armes si mémorable ; seulement la narration en était pour ainsi dire perdue dans un fort volume in-folio, au milieu des actions nombreuses du maréchal de Matignon et de tous les événements dans lesquels il avait figuré pendant sa longue carrière militaire. Nous avons dû l'en détacher, et sous cette forme c'est une composition en quelque sorte nouvelle que nous mettons sous les yeux de nos lecteurs. Présentés ainsi, le siége de Domfront et la capitulation de

(1) Vies des Hommes illustres, t. 3, p. 374..

(2) Vies des Hommes illustres de la France, t. XII, p. 431.

(3) Histoire du maréchal de Matignon, in-fo, Paris 1661.

Montgommery, appuyés des dépêches royales adressées à Matignon, même en empruntant la plume de de Caillières, revêtiront une physionomie toute juvénile et affecteront toutes les apparences d'une œuvre inédite, à laquelle nous demanderons la permission d'ajouter seulement quelques annotations.

L'ouvrage de de Caillières est d'ailleurs d'une assez grande rareté. Il ne sera probablement jamais reproduit ; de cette façon et dans de semblables conditions la composition elle-même subira une transformation que lui donnera naturellement l'addition d'éléments entièrement nouveaux, inconnus jusqu'ici. Espérons alors que le tout ensemble aura un vif et puissant intérêt historique pour Domfront et pour une partie de la Normandie.

Cependant nous ne voudrions pas faire croire que le siége de Domfront n'ait pas été traité d'une façon supérieure jusqu'ici. Nous n'entendons parler, en reproduisant des textes du XVIe et XVIIe siècles, que des anciens chroniqueurs, car pour nos auteurs modernes et contemporains, ils ont traité le même sujet avec un talent incomparable et une autorité que ne pouvaient avoir leurs devanciers. Citons en première ligne la belle narration de M. Léon de la Sicotière (1) actuellement l'un des sénateurs du département de l'Orne, dont la plume élégante a retracé ces annales avec une remarquable poésie, et une vigueur d'expression que l'on trouve rarement ailleurs. M. Louis du Bois (2) et M. Gaston Le Hardy (3) ont su réveiller encore l'intérêt eux aussi et écrire quelques belles pages sur ces dramatiques événements déjà bien lointains et qui reportent nos esprits et nos souvenirs à trois siècles en arrière. Auprès d'eux tous de Caillières est bien pâle, sa narration bien languissante, ses expressions bien démodées, mais les lueurs incandescentes que projettent les plumes et les souvenirs de Charles IX et de Catherine de Médicis, les sinistres témoins, pour ne pas dire les exécuteurs de la saint-Barthélemy, lui donneront un éclat dont il avait été dépourvu jusqu'a ce jour.

Quant à de Caillières, il va sans dire que nous devons le faire connaître également.

Né à Thorigny, Jacques de Caillières fut maréchal de bataille des armées du roi Louis XIV, c'est-à-dire maréchal de camp et gouverneur de la ville et du château de

(1) Orne archéologique et pittoresque, in-fo.

(2) Recherches archéol. historiques sur la Normandie, 1843, p. 250.

(3) Hist. du Protestantisme en Normandie, 1869, p. 259.

Cherbourg. Il mourut dans cette dernière ville en 1696 ou 1697. D'Alembert a dit de lui que c'était un homme d'esprit. Il fut membre de l'Académie de Caen et il composa plusieurs ouvrages entre lesquels nous mentionnons spécialement son histoire de Jacques de Matignon, maréchal de France. Paris, 1661, in-folio.

En terminant, il nous reste à faire un dernier et suprême appel à un travail du même genre que le nôtre sur Domfront, qui existe dans les environs de cette ville et dont nous attendons depuis longtemps la publication qui nous avait été promise. C'est le *Journal de la Prise de Domfront sur les protestants,* composé par François Pitard, écuyer, sieur du Chêne-Sec, de la Barillière et du Lude. Ce manuscrit encore inédit a été signalé depuis longtemps par Caillebotte, l'historien de Domfront, qui en possédait une bonne copie et qui a dû le transmettre à l'un des membres de sa famille, après sa mort. Il a été communiqué autrefois à M. Léon de la Sicotière. Quelques passages qu'il a reproduits dans l'une de ses publications si goûtées et si remarquables sur ce beau pays, ont permis d'apprécier la valeur et l'importance de ce manuscrit qui se cache actuellement dans un presbytère.

C'est le texte seul de Pitard, dans toute sa simplicité, que nous désirons avec ardeur et que nous demandons avec instance, et non pas les commentaires dont veut l'accompagner son heureux détenteur. Les compositions de ce genre, qui remontent à la fin du xvie siècle, sont comme les dépêches royales que nous faisons connaître aujourd'hui au public ; elles se recommandent de soi et se passent fort bien et par-dessus tout des moindres additions. Les accompagner même de quelques observations sommaires serait les déflorer.

Nous ne saurions accepter comme suffisante la publication qu'a faite l'Annuaire du département de l'Orne. Ce n'est qu'un extrait fort concis de ce même Journal de Pitard. Il comprend seulement huit pages, in-12 ; comme résumé, il est très-bien fait, mais il ne saurait équivaloir au texte original lui-même, dont le spécimen donné dans l'Orne archéologique et pittoresque, page 122, fait comprendre toute la valeur. Odolant Desnos, dans son mémoire historique sur la ville d'Alençon, t. 2, p. 293, fait également mention du Journal de Pitard, dont il fait valoir l'importance.

Enfin, comme complément de tous ces faits historiques que nous évoquons aujourd'hui, et de tous ces documents restés jusqu'ici dans l'oubli, nous voudrions voir éditer le procès-verbal de l'Etat des fortifications de Domfront, dressé en 1562, quelques années seulement avant le siège en règle qu'eut à y soutenir Montgommery. Il existe et devrait pouvoir se retrouver. D'après lui la ville était ceinte de vingt-quatre tours. On y entrait par quatre portes couvertes de bastions. Dans l'intérieur, on voyait des souterrains d'une grande beauté et plusieurs belles citernes (1).

Hippolyte SAUVAGE.

17 Août 1877.

(1) Girault de St-Fargeau. Diction. géogr. de la France, Domfront.

PREMIÈRE PARTIE

DÉPÊCHES

Du Roi Charles IX et de la Reine Catherine de Médicis sa mère, expédiées à l'occasion du siège de Domfront, en 1574,

ACCOMPAGNÉES

De Correspondances diverses et de documents contemporains, qui concernent la prise d'armes du comte Gabriel de Montgommery, et sa capitulation.

I.

Lettre du duc d'Etampes adressée à la Reine Catherine de Médicis.

Pour bien faire apprécier la situation militaire de la Basse-Normandie dans les années qui précédèrent le siège de Domfront, en 1574, voici le fragment d'une lettre écrite par le duc d'Etampes à Catherine de Médicis, et datée d'Avranches, le 11 septembre 1562 :

« Entendant que, oultre le doubte des
« Anglais, il vient au conte de Montgom-
« mery six enseignes de Rouen et du Havre

« de Grâce avec huict pièces d'artillerye, et
« qu'il se fortifie tous les jours de ceulx
« du pays du Maine et d'Anjou, dont la
« plupart laissent leurs maisons et biens
« pour le venir secourir, il me semble que
« les aultres devraient, comme vous leur
« avez commandé, venir se joindre à moi ;
« mais il n'en est encores venu ung seul. Je
« vous envoie l'ordonnance que fait le
« conte de Montgommery, par où vous ver-
« rez comme il use de ses forces en ce pays ;
« il m'a écrit des lettres dont je vous en-
« voie copie et de ma responce. Le capi-
« taine de vostre chasteau de Domfront
« m'est venu trouver et m'a remonstré que
« ledict chasteau n'estait point fermé et n'y
« avait nulle seureté, par quoy je craignais
« que le conte de Montgommery, le scachant,
« y allast ou envoyast pour prendre l'artil-
« lerye qui y estait ; je passeray par là et la
« prendray pour nous en servir.

« Depuis ma lettre écrite et à ce soir,
« Monsieur de Matignon et le grand Prieur
« sont arrivés en ce lieu ; estans tous en-
« semble nous aurons meilleur moyen en
« faire quelque chose pour vostre ser-
« vice. » (1).

(1) Bibliothèque impériale de St-Petersbourg, v. LXXXVIII (original). M. de la Ferrière, la Normandie à l'Etranger, p. 7 et 8.

II.

Dépêche du Roi Charles IX, du 20 avril 1574.

Original. — Bibliothèque nationale. Fonds Français, n° 3,255, folio 12, n° 9. (1).

A Monsr de Fervacques, chevalier de mon ordre et cappitaine de cinquante hommes d'armes de mes ordonnances.

Monsr de Fervacques,

J'ai entendu avec grand plaisir ce que vous mavez mandé de l'heureux succès quà eu vostre première rencontre avec les trouppes du conte de Montgommery qui me faict espérer qu'elle sera suivye de quelque autre bon exploict et que vous et les autres gens de bien que jay par de là me ferez ung si bon service allencontre dudict Montgommery que non seullement mon pays de Normandie sera deschargé des oppressions qu'il en reçoyt mais cela donnera aussi reputation à mes affaires aux autres endroicts de mon royaume. En quoy je scay bien que vous avez tant d'affection qu'il n'est poinct de besoing que je vous prie davantage des soins à y employer ni que je vous fasse la présente plus longue que pour supplier le

(1) Cette dépêche a été publiée en partie par la Société des Bibliophiles normands, sous le n° III, p. 7.

Créateur, Monsr de Fervacques qu'il vous y ayt en sa garde.

Escript au Boys de Vinciennes le XX° jour d'avril 1574.

CHARLES.

Contresigné : BRULART.

III.

Dépêche du Roi Charles IX, du 29 avril 1574.

Original. — Bibliothèque nationale. Fonds Français, n° 3,255, folio 15, n° 12.

A Monsr de Mattignon, chev^r de mon ordre, cappitaine de cinquante lances de mes ordonnances et mon lieutenant général en Normandye.

Monsr de Mattignon,

J'ay advisé pour accroistre et augmenter les forces qui sont près de vous vous envoyer les quatre compaignies de gens de guerre a pied de deux cens cinquante hommes qui sont chacune soubs la charge du s^r de Lussé les quelles jay faict conduire par le s^r du Lyon, commissaire ordinaire de mes guerres. De quoy je vous ay bien voullu advertir affin que avec les autres forces que vous avez, vous puissiez tellememt et si bien a propos les exploicter que jen puisse tirer le service que je me suis toujours promis d'icelles et n'estant la presente a ceste fin je prieray Dieu, Monsr de Matignon, vous avoir en sa saincte et digne garde.

Escript au chasteau du Bois de Vincyennes, le XX IXe jour d'avril 1574.

CHARLES.

Contresigné : FUZÉ.

IV.

Dépêche du Roi Charles IX, du 29 avril 1574.

Original. — Bibliothèque nationale. Fonds Français, n° 3,255, folio 15 bis, n° 13. (1).

A Monsr de Mattignon, chevalier de mon ordre, cappitaine de cinquante lances de mes ordonnances et mon lieutenant général en Normandye.

Monsr de Mattignon,

J'ay advisé pour accroistre et augmenter les forces qui sont près de vous vous envoyer les quatre compaignies de gens de guerre à pied de deux cens cinquante hommes chacune qui sont soubs la charge du s^r de Laverdin les quelles jay faict con-

---

(1) Cette dépêche a été publiée par la Société des Bibliophiles Normands. 1871.

— 24 —

duire par le s^r de Quillard, commissaire ordinaire de mes guerres. De quoy je vous ay bien voullu advertir affin que avec les autres forces que vous avez vous puissiez tellement et si bien à propos les exploicter que jen puisse tirer le service que je me suis tous jours promis et n'estant la présente à autre fin je priray le Créateur, Monsr de Mattignon, vous avoir en sa saincte et digne garde.

Escript au Chasteau du Bois de Vincyennes, le XXIXe jour d'avril 1574.

CHARLES.

Contresigné : FUZÉ.

V.

Lettre de la Reine Elisabeth d'Angleterre adressée à Isabeau de la Touche, comtesse de Montgommery, du 6 mai 1574.

Record Office, State Papers, France, vol LVII. — M. de la Ferrière, la Normandie à l'Etranger, p. 231.

Après s'être servie jusqu'à la fin du bras de Montgommery pour agiter la France, la reine Elisabeth crut sans doute avoir beaucoup fait, lorsqu'elle écrivit quelques lignes de banale consolation à la malheureuse femme qui devait bientôt être veuve. Sa lettre est sèche et peint bien la femme et la reine qui devait plus tard ordonner le supplice de l'infortunée Marie Stuart : ce qu'elle regrette en Montgommery « c'est qu'il avait « autant de dévotion envers elle que s'il « était son naturel subject. »

Madame la Contesse,

Ayant entendu par vos lettres le grand danger auquel est Monsr le conte vostre mary, j'ay receu ung très grand des plaisir, tant pour l'ennuy que je scay avez de le voir en sy perilleux estat, comme aussy pour scavoir en angoisses celuy que je congnois m'estre sy fidellement affectionné et avoir tant de dévotion à mon service, comme s'il estoit mon naturel subject. Mais, Madame la Contesse, une dame chrestienne et sage comme vous estes, et si bien nourrye et exercée ès afflictions, doibt porter cela avec constance et generosité qui par avant vous ont esté familiers, scachant assez qu'il fault tenir bon, et que la vertu se fait congnoistre au besoing. Vous avez veu et gousté la benignité de Dieu en tant de delivrances passées de ce paouvre Seigneur, qu'elles vous doibvent asseurer que celuy qui l'a delivré par avant n'a point le bras accoursy. Et quant à mon endroict, je porte tel desplaisir et fay tant de cas dudict affaire, que j'employeray de très bon cœur ce que je scauray y profficter, et, Dieu aydant, je cuyde que bien tost vous pourrez entendre combien ma bonne vollonté et affection à sa délivrance y prouffitera, que je désires estre bien tost pour vostre consollation et allegement, et pour satisfaire au desir que j'y ai. Je prie Dieu, Madame la Contesse, qu'il vous envoye sa saincte consolation.

De Grenouviche, ce sixiesme jour de may mil V^c LXXIIII.

ELISABETH.

VI.

Dépêche du Roi Charles IX, du 7 mai 1574.

Original. — Bibliothèque nationale. Fonds Français, n° 3,255, folio 18, n° 16.

A Monsr de Matignon, chevalier de mon ordre, cappitaine de cinquante hommes d'armes de mes ordonnances et mon lieutenant général en basse Normandie.

Monsieur de Matignon,

Je vous envoye le s^r de Fournemond, commissaire ordinaire de mon artillerie présent porteur auquel j'ay baillé commission pour ordonner et commander au train de bande d'icelle artillerie en l'armée que vous avez par de là pour mon service m'asseurant qu'il s'en scaura bien et fidellement acquicter comme il a faict par cy devant ès charges honorables qui luy ont esté commises en son dict estat de sorte que j'ai eu occasion de contentement qui est cause que je lay bien voulu accompaigner de la présente pour vous prier de l'avoir en recommandation. Il meyne avec luy quelque nombre de canons sans ceulx que vous avez par de là et lesquels ont esté payés pour ce moys. Je donneray ordre qu'ils le seront pour ceulx advenir et n'estant la presente à autre effect je prieray Dieu, Monsr de Matignon, qu'il vous ait en sa saincte et digne garde.

Escript au Boys de Vincennes le VIIe may 1574.

CHARLES.

Contresigné : FUZÉ.

VII.

Dépêche de la Reine Catherine de Médicis, du 12 mai 1574.

Original. — Biobliothèque nationale. Fonds Français, n° 3,255, folio 19, n° 17. (1)

A Monsr de Matignon, chevalier de l'ordre

(1) Cette dépêche a été publiée par la Société des Bibliophiles normands.

du Roy, cappitaine de cinquante hommes d'armes de ses ordonnances et son lieutenant général au gouvernement de Normandye.

Monsr de Matignon,

Nous estions en peine d'estre si longuement sans entendre de vos nouvelles quant nous avons receu vostre depesche du VIII de ce moys. Ayant le Roy Monsieur mon fils grandement loué la résolution que vous avez prise sur l'advis qui vous a esté donné du partement de Mongommery de le suivre de près à la charge que si vous ne le pouvez joindre et combattre dedans peu de jours de vous en retourner au siège de Saint Lo ou vous avez laissé tous les gens de pié et de laisser à sa suite le s^r de Vassey, nous avons de deça donné ordre a tout ce qui a esté possible en advertissant sur les passaiges de la rivière de Seine et de Loire et envoyant le sieur de Sanssac avec les compaignies de gendarmerye du costé du Perche pour le poursuivre. Il sera besoing que vous ayez une bonne intelligence avec luy pour l'advertir de temps à autre ce que vous entenderez du dict Mongommery. Suppliant le Créateur, Monsr de Matignon, qu'il vous ayt en sa saincte garde.

Escript au chasteau de Vincennes le XIIe jour de may 1574.

CATHERINE.

Contresigné : BRULART.

VIII.

Dépêche du Roi Charles IX, du 15 mai 1574.

Original. — Bibliothèque nationale. Fonds Français, n° 3,256, folio 90, n° 56. (1)

A Monsr De Matignon, chevalier de mon ordre, cappitaine de cinquante hommes d'armes de mes ordonnances et mon lieutenant général en Basse normandye.

Monsr de Matignon,

Je viens présentement de recepvoir vostre lettre du XIII de ce mois non sans grande joye et plaisir de ce que vous avez sceu si bien enfermer Montgomery dedans Dompfront ou je ne suis que bien ayse que vous soyiez arresté pour une si bonne occasion, vous voullant bien rementevoir une chose à laquelle je vous prie de penser, estant homme de guerre comme vous estes, qui est que vous pouvez bien juger que les gens

---

(1) Cette dépêche a été publiée par la Société des Bibliophiles normands, n° V, p. 9.

de pié encores qu'ils soient à l'entour d'une place et la serrent de bien près ne sont pas suffisants seuls d'empescher des gens de cheval ; par quoy il fault que vous faictes travailler ordinairement les compaignies de gens de cheval et leur faire faire ung grand guet alentour du dict Dompfront ; et y faites faire d'autre part beaucoup de grandes et profondes tranchées tout à l'entour ou pour le moins aux principales advenues, afin qu'ils ne puissent sortir. Au surplus je vous diray comme, sur l'advis que vous m'aviez donné advis par le cappitaine Coutremoulin que ledict Montgomery tiroit vers ledict Dompfront, j'ordonnay incontinant au sieur de Sansac de ramasser sept ou huit compaignies de gendarmerye que j'avoys ici alentour pour l'y envoyer ; à quoy il s'est acheminé et ay quant et quant mandé aux sieurs de Lucey, Laverdin et Bussy de l'y accompaigner avec leurs bandes de gens de pié qui a esté en intension de l'atraper et engarder de se pouvoir sauver, n'estant pas asseuré que vous vous feussiez arresté audict Dompfront. Auquel lieu arrivant ledict sieur de Sansac, je vous prie de demeurer en bonne intelligence avec luy et le respecter comme mérite son ancienneté et le long temps qu'il y a qu'il commande aux armées.

Je suis fort ayse de la bonne compaignie que vous a menée le sieur Sainct Legier et ay faict garder le roolle que m'en avez envoyé pour faire expédier une exemption d'arrière ban à tous ceulx qui sont en ladicte compaignie ainsi qu'ils le méritent bien, qui est tout ce que je vous diray, en priant Dieu, Monsr de Matignon, qu'il vous ayt en sa saincte garde.

Escript au chasteau de Vincennes, le XVe mai 1574.

CHARLES.

Post. script. Si vous pouvez prendre Montgomery et Guitry vifs vous ferez beaucoup pour mon service et les envoyiez incontinant prisonniers à Paris.

DE LA MAIN DU ROI. — Matignon si vous me fetes le servisce de prendre Mongoumery et Gitry en vie et me les amenez je l'estimeré au plus grand servisce que l'on me saurait fere ; se que je vous mande de Monsieur de Sansac n'est que pour l'amour de sa vieillesse et ne pensez pas que je ne desire fere davantage pour vous.

Votre bon mestre.

CHARLES.

Contresigné : BRULART.

IX.

Dépêche du Roi Charles IX, du 19 mai 1574.

Original. — Bibliothèque nationale. Fonds Français, nº 3,255, folio 24, nº 20. (1).

A Monsr de Matignon, conseiller en mon conseil privé, cappitaine de cinquante hommes d'armes de mes ordonnances et l'un de mes lieutenants généraulx en Normandie.

Monsr de Matignon,

Je ne receus il y a fort long temps nouvelle qui mayt esté plus agréable que le discours que m'a faict le sieur de Sainct Leger, présent porteur, du très-grand debvoir et dilligence que vous faictes non seullement pour reprendre Sainct Lo, mais aussy pour attraper ce malheureux conte de Montgomery qui est cause de tant de maulx en ce royaulme. Et pour ceste cause, je vous prye sur tous les services que desirez me faire et aussy tous les gens de bien qui sont par de là avecq vous s'employant aussy de toute affection pour mon service comme ledict sr de Sainct Leger m'a bien amplement et

(1) Cette dépêche a été publiée par la Société des Bibliophiles Normands, nº VI, p. 41.

particullierement dict, de voulloir faire en sorte que ledict conte n'eschappe poinct, car je tiens pour certain que s'il peult estre pris oultre le grand plaisir que ce me sera plus que je ne vous scaurois dire le pauvre pays de Normandye sera redimé de toutes les continuelles vexations qu'il a si souvent receues par luy et à son occasion.

Et davantage les affaires des rebelles seront tellement desfavorisées que par tout le reste de mon royaulme ou mes bons subjects font aussy inconceilleusement bien leur debvoir allencontre desdicts rebelles, j'espère qu'ils recevront à l'occasion de la prinse dudict conte (si elle peult estre) toute deffaveur et se trouveront tous vaincus et deffaicts de bref les ungs après les autres qui est le plus grant bien que je desire maintenant et qui scauroit advenir pour mon service. Recevez la ; pourquoy je vous prye de rechef, mais c'est de la plus grande affection qu'il m'est possible et tous les bons serviteurs que j'ay aussy par de là de sy bien pourveoir et faire en sorte qu'il n'eschappe point, mais que vous le puissiez de bref envoyer en bonne et seure garde prisonnier à Paris où je désire plus que nulle autre chose lui faire bonne et exemplaire justice comme vous dira aussy ledict sieur de Sainct Leger, duquel j'ay aussy entendu la difficulté qui s'est meue pour l'estat de Maistre de camp entre les sieurs de Fervacques et Villarmoy, surquoy j'ay advisé pour les contenter que tous deulx auront semblable auctorité et estat de Maistre de camp dont j'ay commandé au tresorier de l'extraordinaire doubler le payement affin que tous deulx y reçoivent la solde et reçoivent l'ung et l'aultre ensanblement, m'asseurant qu'ils auront toute bonne intelligence pour mon service, et que deulx gens de bien et de valleur comme ils sont s'employant comme ils font feront beaucoup plus estant deulx que s'il n'y en avait qu'ung employé en ceste charge là.

Quand à l'auctorité pour commander en vostre absence, il n'est graces à Dieu poinct de besoing vous portant comme vous faictes graces à Dieu fort bien, et puis j'envoye Monsr de Sanssac qui est si ancien et si viel chevalier (1), et lequel je m'asseure se comportera si bien avecq vous, et vous avecq luy,

(1) Il est intéressant de connaître quel était ce vieux général Sansac auquel devait échoir le commandement à défaut de Matignon. Il devait être effectivement le doyen des généraux Français, puisque né à Cognac, en 1486, il était alors âgé de 88 ans.

Louis Prévot de Sansac était le compatriote du Roi François Ier auquel il dut sa brillante fortune militaire. Acteur dans onze batailles rangées et dans quinze siéges de places fortes, il s'était signalé en 1522 à la défense de Mezières et l'année suivante dans le Milanais où il conduisit 16,000 hommes que le roi envoyait au secours de Lautrec. A l'assaut de Novare, au combat de Bonnivet, et au Pas de Suze, il s'était fait remarquer par son intrépidité.

que mon service sera bien et dignement faict et que nulles difficultés n'adviendront en ces choses là. Mais que par vostre prudences des ungs et des aultres tout se conduira avecq toute bonne et perfecte intelligence. J'escripts aux sieur de Vassay et de la Hunaudaye et aultres qui sont par de là pour mon service auxquels je vous prye bailler mes lettres et les asseurer du grand contentement que j'ay d'iceulx, à cause entendu tant de vos lettres que par ledict s^r de Sainct Leger les bon et grand debvoir qu'ils font par de là pour mon service en quoy je les prye de continuer comme je m'asseure qu'ils feront.

J'ay aussy sceu dudict sieur de Sainct Leger comme il vous est venu des officiers et canonniers de mon artillerye, mais qu'ils se veullent retirer s'ils ne sont payés de leur solde extraordinairement ainsy qu'ils ont accoustumé quant ils marchent. Cella est bien raisonnable, et pour ceste cause envoyez moy estat de leurs noms, et de ce

---

Fait prisonnier à la bataille de Pavie, il réussit dès le soir même à s'échapper en sautant sur le cheval d'un général Espagnol. Il rentra alors en France où la Reine mère, Louise de Savoie l'accueillit avec empressement. Cette princesse le chargea de porter à Madrid ses lettres et celles de la famille royale. Durant toute la captivité du roi, Sansac remplit cette mission avec un zèle qui lui mérita l'amitié particulière de François 1er. Nommé par lui gouverneur des princes, ses fils, il resta pendant quelque temps éloigné des champs de bataille : mais, en 1551, il suivit Cossé Brissac en Piémont et reçut trois ans après la mission difficile de la défense de la Mirandole. Il sut s'y défendre, huit mois entiers, contre les

que se monte par moys leur extraordinaire et de quel jour ils doibvent entrer en payement et je feray promptement bailler ce qu'il fault pour cella au tresorier de l'extraordinaire de l'artillerye.

Mais cependant retenez les et vous en servez et regardez de les faire accommoder de quelque argent par prest qui sera rabatu et rendu lors que l'on les payera.

Recevez là tout ce que je vous puis dire.

Remetant le surplus audict sieur de Sainct Leger que j'ay advisé vous renvoyer tout soudain scachant bien qu'il est du bon nombre de ceulx qui font tout ce qui se peult pour mon service par de là en ces occasions, priant Dieu, Monsr de Matignon, vous avoir en sa saincte et digne garde.

Escript au Bois de Vincennes, le XIXe jour de may 1574.

CHARLES.

Monsieur de Matignon,

Depuis ceste lettre escripte j'ay advisé

---

forces considérables du Marquis de Marignan qui fut enfin obligé de lever le siége, après y avoir perdu 3,000 hommes Cette défense héroïque mit Sansac au rang des plus habiles officiers de son temps et Henri II le récompensa en le nommant gouverneur de ses enfants. A la bataille de Dreux, en 1562, Sansac fut atteint d'un coup de feu : c'était la première blessure qu'il recevait.

MICHAUD (Biographie universelle, t. XXXVII, v^o Sansac), indique sa mort en 1566. C'est là évidemment une erreur, puisque nous retrouvons ce maréchal de camp, en 1574, au siége de Domfront. Il dut mourir peu de temps après.

de renvoyer quérir le sieur de Sansac avec presentes les compaignies de gens d'armes que j'ay désignées pour ma garde excepté celles de Monsieur de Longueville qui se joindrait à vous et aussy les compaignies des gens de pié des sieurs de Levardim et de Lussé et estime que celles de Bussy sont desjà où bien près de vous.

C.

Contresigné : PINART.

X.

Dépêche du Roi Charles IX, du 20 mai 1574.

Original. — Bibliothèque nationale. Fonds Français, n° 3,255, folio 26, n° 21. (1).

A Monsr de Matignon, conseiller en mon conseil privé, cappitaine de cinquante hommes d'armes de mes ordonnances et l'ung de mes lieutenants généraux en Normandye.

Monsr de Matignon,

Ayant entendu que beaucoup de ceulx qui ont pris les armes et se sont mis du party du comte de Montgommery, congnaissant que les persuazions que l'on leur

(1) Cette dépêche a été publiée par la Société des Bibliophiles normands, n° VII, p. 15.

avoit faictes estoient seullement pour couvrir de très malheureuses conspirations, se retireroient voluntiers si ceste faulte leur estoit pardonnée et pour ceste cause j'ay advisé de faire expédier ung pardon général, lequel je vous envoye affin que vous le fairez incontinent publier à son de trompe par toute l'estendue de vostre charge et que à mesure qu'il en viendra vers vous vous les receviez et remettiez suivant mon intention portée par le dict pardon et les mainteniez et fairez maintenir et conserver en seureté et repos en leurs maisons avec leurs femmes et familles, aprez qu'ils auront faict les submissions de la substance dont je vous envoye le mémoire et comme il est amplement porté et déclaré par le dict pardon. Sur lequel me remettant je ne vous feray plus longue lettre que pour vous prier d'y atirer le plus grant nombre de ceulx de ceste condition qu'il vous sera possible, m'advertissant journellement des noms de ceulx qui se réduiront et vous ferez chose qui me sera tres agréable ; priant Dieu, Monsr de Matignon, vous avoir en sa saincte garde. Escript au Bois de Vincennes, le 20e jour de mai 1574.

CHARLES.

Contresigué : PINARD.

XI.

Dépêche du Roi Charles IX, du 20 mai 1574.

Original. — Bibliothèque nationale. Fonds Français, n° 3,255, folio 27, n° 22.

A Monsr de Matignon, chevalier de mon ordre, conseiller en mon conseil privé, cappitaine de cinquante hommes d'armes de mon ordonnance et l'ung de mes lieutenants généraulx au gouvernement de Normandye.

Monsr de Matignon,

A ce que je voy par les depesches que je receuz présentement de plusieurs endroicts il y a beaucoup des François que je vous ay ordonnés qui ne sont poinct encore arrivés au camp, mais demeurent par les champs en divers lieux et oultre qu'ils y sont à la grande foulle et oppression de mon pauvre peuple comme j'ay oy aussi dire qu'ils ranconnent et pillent et font infiniz maux. Ils font grande faulte à mon service et devroient estres de long temps jà auprès de vous selon ce qui leur a esté commandé veu la présente quay j'ay advisé vous faire ceste lettre affin que vous depechiez incontinent gens pour tous les endroicts où ils sont affin que de ma part vous leur commandiez de s'acheminer présentement à vous et aux plus grandes hastes qu'ils pourront et si vous cognaissez quelques uns qui n'y obéissent et satisfassent promptement commandez par tout ou ils se trouveront que l'on les courre sus et assemble en tel commerce pour cest effest, car il vaudroit mieulx les recevoir sur ce qu'ils n'ont point directement ainsi faict s'ils ne veullent faire les debvoirs d'icelle charge mais a mesure qu'ils se presentent pour se battre à présent auprès de vous et en le commandement de vostres charge pour mon service. Priant Dieu, Monsr de Matignon, vous avoir en sa saincte et digne garde.

Au Bois de Vinsennes le XXe mai 1574.

CHARLES.

Contresigné : PINART.

XII.

Dépêche du Roi Charles IX, du 23 mai 1574.

Original. — Bibliothèque nationale. Fonds Français, Manuscrit 3,255, folio 28, n° 23.

A Monsr de Matignon, chevalier de mon ordre, conseiller en mon conseil privé, cappitaine de cinq^{te} lances de mes ordonnances et mon lieutenant général en Normandye.

Monsr de Matignon,

Encores que je vous aye cy-devant envoyé la compaignie de gens de pié du s^r de la Molle pour vous en servir avec les aultres forces que vous avez, toutefois j'ay depuis advisé pour aucunes bonnes considérations licentier la dicte compaignie ainsy que j'ai escript à celluy qui y commande maintenant.

A ceste cause je vous prye incontinent la présente receue faire entendre à tous ceulx de la dicte compaignie mon intention là dessus et tenir la main qu'elle soit suivye selon que je désire leur enjoignant bien expressément qu'ils n'ayent à s'assembler par trouppes, ains divisement pour contenter la foulle de mon peuple et qu'ils vivent et se comportent si modestement par les lieux où ils auront à passer que je n'en aye aucune plaincte, sous peyne à ceulx qui feront le contraire d'estre pugnis et chastiés exemplairement.

Et n'estant la présente à aultre effect, je supplieray le Créateur, Monsr de Matignon, vous avoir en sa saincte garde.

Escript au chasteau de Vincyennes, le XXIIIe jour de may 1574.

CHARLES.

Contresigné : FUZÉ.

XIII.

Dépêche de la Reine Catherine de Médicis du 23 mai 1574.

Original. — Bibliothèque nationale, Manuscrit 3,255, fol. 29, n° 24.

—

A Monsr de Matignon, conseiller au conseil privé du Roy Monsieur mon fils, cap^{ne} de cinquante hommes d'armes de ses ordonnances et l'ung de ses lieuttenans généraulx en Normandye.

Monsr de Matignon,

Le désir que nous avons d'entendre de vos nouvelles est cause que le Roy, Monsieur mon fils, vous despesche ce courrier présent porteur, affin que par luy vous le teniez promptement informé de ce que vous esperez des prinses de Damfront et Sainct Lo, ensemble des conte de Montgomery et Columbières ou nous nous asseurons que vous n'oubliez rien de ce qui peult servir pour en venir bientost là et parce que vous verrez par la lettre du Roy mondict S^r et fils les nouvelles que nous avons eues de Guienne et l'estat de sa santé.

Je ne vous en feray aucune redicte mais m'en remettant à icelles, je prieray Dieu,

Mons* de Matignon, vous avoir en sa saincte et digne garde.

Escript au Bois de Vincennes, le XXIII* jour de may 1574.

CATHERINE.

Contresigné : PINARD.

XIV.

Dépêche du Roi Charles IX, du 24 mai 1574.

Original. — British Museum, collect. Egerton, vol. V, folio 39. — Publié par M. de la Ferrière, La Normandie à l'Etranger, 1873, pages 229 et 230 (1).

A Monsieur de Matignon, chevalier de mon ordre, conseiller en mon conseil privé, cappitaine de cinquante lances de mes ordonnances et mon lieutenant général en Normandye.

Mons* de Matignon,

Pour ce que depuis le partement du S* de Sainct Leger je n'ay point eu de vos nouvelles que par le commissaire Le Faure qui est parti devers vous, il y a desjà assez long

---

(1) M. de la Ferrière, en éditant cette dépêche, ajoute: cette lettre sent la fièvre; l'agitation et l'irritation du malade percent dans chaque ligne : on devine que si Montgommery est pris, il n'y a plus de pardon pour lui.

temps, désirant bien fort d'en entendre par l'espérance que j'ay qu'elles seront fort bonnes et que ce malheureux conte de Montgomery sera prins dedans Dampfront et que bientost après il en sera faict aultant de Coulombières en Sainct Lo, j'ay advisé vous faire ceste despesche par ce courrier exprès pour vous prier me mander par luy et sans qu'il perde de temps par de là, mais me le renvoyer tout incontinent, l'estat en quoy vous serez a son arrivée et quelle espérance vous avez en la prinse de Dampfront et Sainct Lo, et, par conséquent desdits conte de Montgomery et Coulombières, vous priant et tous les gens de bien qui sont avec vous, tant devant Dampfront que Sainct Lo, et que m'avez particulièrement escript qui font si bien mon service, continuer tellement que vous puissiez bientost reprendre Carentan, affin que ceulx qui occupent les dictes villes et lieux soient chassez de mon pays de Normandye et n'y ayent aulcun pied, comme j'espère que de bref ils n'en auront en toute la Guyenne et Poictou.

Le surplus de ma lettre sera pour vous dire et asseurer que, grâces à Dieu, je vais tous jours de bien en mieulx en ma guarison, ne me restant plus qu'à me fortifier comme je fais, de sorte que j'espère estre bientost du tout achevé de guarir. J'ay eu depuis jeudi dernier quelque petit accès de fiebvre double tierce, mais les medecins asseurent que cela aidera bien fort à m'achever du tout de bien guarir, dont aussy je vous ay bien voullu advertir et les gens de bien qui sont avec vous, scachant certainement que ces bonnes nouvelles là vous serons et à mes aultres subjects estans par de là très agréables.

Priant Dieu, Monsr de Matignon, vous avoir en sa saincte garde.

Escript au Bois de Vincennes, le XXIIIIe jour de may 1574.

De la main du Roi :

Me porte fort bien, grâces à Dieu ; je seray encores plus content et me trouveray beaucoup mieulx quand se sauray la prinse de Domfront et de Montgomery et des aultres places que tenez assiegées, à quoy je m'asseure que vous et les gens de bien qui sont par de là pour mon service ne perdez point de temps et ferez en sorte que Montgomery et Colombières ne s'eschapperont pas, et prenez bien garde, je vous prie, et sur tous les services que desirez me faire.

CHARLES.

XV.

La lettre qui suit est pour nous d'une importance incontestable, bien qu'elle ne porte pas de signature. Mais elle a tous les caractères de la plus complète authenticité : elle provient d'ailleurs, à n'en point douter, de l'un des témoins oculaires les plus autorisés du fait d'armes dont elle contient le récit.

Ce fut donc au sire de Fervaques qu'échut le périlleux honneur de diriger l'attaque du 23 mai 1574. Il y reçut une blessure grave.

Ainsi, trois futurs maréchaux de France étaient dans les rangs des combattants et conduisaient les assaillants au nom du Roi. C'étaient : Matignon, comme commandant en chef, Fervaques et Lavardin, comme maréchaux de camp. Cette remarque a peut-être été faite déjà, seulement nous ne l'avons vue formuler nulle part en termes exprès, quoique cela fût à noter pour l'histoire de Domfront.

Quant à Fervaques, plus connu sous la dénomination de Maréchal de Fervaques, c'était encore un normand, né en 1538, au château de Fervaques (canton de Livarot, arrondissement de Lisieux). Son nom était Guillaume de Hautemer, comte puis duc de Grancey, baron de Mauny, etc., etc.

Après s'être distingué dans les guerres du règne de Henri II, il se fit encore connaître dans les guerres de religion où il joua un rôle fort important que l'esprit de parti a, comme toujours, apprécié avec de très-vifs sentiments de passion et peut-être d'injustice.

Après avoir commandé en personne l'assaut contre le comte Gabriel de Montgommery, ce fut lui qui, plus tard, le 26 juin suivant, reçut en place de Grève, à Paris, les derniers adieux du guerrier illustre qui allait périr. Ils ont été rapportés par d'Aubigné, qui était, lors de cette exécution, en croupe sur le cheval de Fervaques (1)

Le roi Henri IV récompensa les services militaires de Fervaques par l'ordre du St-Esprit, le grade de lieutenant général au gouvernement de Normandie et le bâton de maréchal de France. La régente Marie de Médicis érigea pour lui Grancey en Duché-pairie. Il mourut à son château de Fervaques, le 11 novembre 1613 (2).

Lettre d'un gentilhomme, sans adresse et sans signature, écrite au camp devant Domfront, du 24 mai 1574.

Original. — Bibliothèque nationale. Fonds Français, Manuscrit 3,188, folio 73, n° 40 (3).

—

Monsieur,

Je avois tousjours tardé à vous escrire nouvelles, jusque a ce qu'il se soit passé quelque chose. Je vous advise que hier qui estoit dimanche l'on fist breche au chasteau avecq le canon et nous presentasmes à l'assault forces gentilshommes avecq Monsieur de Fervacques à l'assault qui nous menoit

(1) Didot, biogr. universelle, t. 23, v° Hautemer.
(2) Didot, loco citato. — De Caumont, statistique monument. du Calvados, t. V, p. 716.
(3) Cette lettre a été publiée par la Société des Bibliophiles normands, VIII, p. 16.

et y avait avecq nous six compaignies de gens de pied dont Monsieur de Fervacques fust blessé, le capp^{ne} Saincte Coulombe blessé, le capp^{ne} Paistre blessé, le capp^{ne} Verdusan blessé, le cappitaine Tommassin blessé, le cappitaine Tonnier tué dans la ville, entrant dans la ville par escalle (1) avecq le capp^{ne} Clepey et le cappitaine Sainct Per, l'enseigne (2) du cappitaine Saincte Coulombe tué, l'enseigne de M. de Lavardin tué, les aultres enseignes blessés à mort, forces gentilshommes tués et blessés, et forces soldats. Il y peult avoir en somme tant de tués que de blessés deux cens et si le cannonnier faillit à nous tuer tous, car comme nous estions à la bresche pour combatre, il tira une vollée de canon qui abatit ung pan de muraille sur nous qui blessa fort Monsieur de Plassac et le capp^{ne} La Roche et tous nous aultres, le cappitaine Cire est fort blessé. Monsieur Dailly est mort. Il en mourra beaucoup des blessés. Le sieur de Bordeaulx est fort blessé et forces aultres, dont c'est grand dommaige et en mourra encores premier que nous l'emportions.

(1) Ce vieux mot français a, dans notre langage moderne, formé le substantif escalade et le verbe escalader, c'est-à-dire monter.

(2) Le grade d'enseigne correspondait à celui de sous-lieutenant.

Nous tenons la ville. Ils n'y ont poinct faict de resistance et n'y ont tué personne que le pauvre Fournier (1) fils, de Carolles, dont c'est grand dommaige.

Je ne vous puys aultre chose mander pour ceste heure. Lorsque nous aurons donné, l'aultre assault je vous en manderay ce qui se sera faict si je en rechappe ; je vous puis asseurer qu'ils sont maulvais garçons et sont résolus de mourir les ungs après les aultres. Le conte est de dans avecq Touchet, la Patrière, Pissot et tout plein d'aultres cappitaines dedans. Ils nous donneront bien à faire, premier que nous les emportions.

Il est venu ung courrier à Monsieur de Matignon qui a raporté que jà descendoit 12 mil Anglois à la Hague ; aussi il leur vient forces reistres. Monsieur de Guyse a commandement d'aller au devant et les combattre.

Je ne vous puys aultre chose mander fors que Monsieur de Maude, chancellier de Monsieur Le Duc, est eschappé d'Orléans, et Monsieur Danville est allé au devant des reistres.

Faict ce lundi matin, 24° may 1574, au camp de Dampfront.

(1) La publication des Bibliop. normands, faite à Rouen a lu Tonnerre.

D'après les détails consignés dans cette lettre, la journée du 23 mai 1574 fut très-meurtrière.

On ne doit pas oublier que Montgommery était arrivé à Domfront le 7 mai. Il ne fut attaqué sérieusement que le 23, car jusque là les troupes de Matignon, à mesure qu'elles arrivèrent durent se borner à investir et à entourer la place et à faire bonne garde.

Enfin le 23, cinq pièces de batteries d'artillerie engagèrent un feu très-vif depuis sept heures du matin jusqu'à quatre heures du soir. A ce moment, une large brèche s'étant faite dans les murailles de la ville, Montgommery et ses hommes d'armes se retirèrent dans le château.

Lors de ce premier assaut, l'armée de Matignon éprouva un véritable échec, et, durant quelques jours encore, elle dut renoncer à tenter un nouvel effort, faute de munitions et d'approvisionnements. Mais l'artillerie et les renforts arrivèrent de tous côtés, et il se trouva à un instant donné, devant Domfront, de quinze à vingt mille hommes qui « fourragèrent « tellement que le pays eut été ruiné générale- « ment si ledict siège eut continué jusqu'après « la moisson. » (Journal manuscrit de François, seigneur de Bois-Pitard).

Le 26 mai, quarante VOLÉES d'artillerie attaquèrent le château, pour aplanir la brèche qui y avait été faite.

Enfin le canon cessa de se faire entendre, lorsque Montgommery entra en pourparlers et se rendit le lendemain entre les mains de son vainqueur heureux.

XVI.

Dépêche du Roi Charles IX, du 26 mai 1574.

Original. — Manuscrit de la Bibliothèque nationale. Fonds Français, n° 3,255, folio 30, n° 25.

A Mons.r de Matignon, chevalier de mon ordre, conseiller en mon conseil privé, cappitaine de cinquante lances de mes ordonnances et mon lieutenant général en Normandye.

Mons.r de Matignon,

M'ayant le capp.ne Des Mouys, présent porteur, faict entendre que suivant la charge qu'il auroit cy devant eue du S.r de Lussé (1), il auroit mis sus et levé quelques gens de guerre a pied qui se seroient trouvés jusques au nombre de quatre cens hommes lesquels icelluy de Lussé auroit reffusé recevoir parce que les dictes compaignies se seraient trouvées empeschées.

Au moyen de quoy m'auroit prié et requis luy voulloir permettre de les mener et conduire vers vous pour vous en servir

---

(1) Jean de Coësme était seigneur de Lucé-le-Grand, au Maine. — Annales d'Anjou, p. 198. — Le Paige, dict. du Maine, t. 1, p. 541. — M. Gast. Le Hardy, Hist. du protestantisme en Normandie, p. 261.

C'est à tort que Lalande (Hist. des guerres de Religion dans la Manche, p. 83) l'a appelé Jean Cosme de Lucé.

ainsy que des aultres et que vous avez a présent.

Ce que luy ayant accordé je vous en ay bien voullu advertir affin que si en avez besoing vous l'employiez avec ses dicts soldats, sinon vous adviserez à les licentier et neantmoins vous servir de luy particullièrement en ce que vous verrez que le bien de mon service le requierra, et sur ce je priray le Créateur, Monsr de Matignon, vous avoir en sa saincte garde.

Escript au chasteau de Vincyennes, le XXVIme jour de may 1574.

CHARLES.
Contresigné : FUZÉ.

XVII.

Dépêche du Roi Charles IX, du 27 mai 1574.

Original. — Bibliothèque nationale. Fonds Français, Manuscrit, n° 3,255, folio 31, n° 26.

A Monsr de Matignon, conseiller en mon conseil privé, cappitaine de gens d'armes et l'un de mes lieutenants généraulx en Normandye.

Monsr de Matigon,

Vous avez veu par la dernière depesche que je vous ay faicte comme depuis huict jours j'ay esté travaillé de la fièvre double tierce dont au septième jour j'ay sorty fort diminué et aujourd'huy qui est le huictiesme après avoir pris une petite medecine je me suis trouvé si bien et sans aulcun ensortement de fievre que j'espère en estre du tout hors ne me restant plus qu'à me fortiffier comme j'espère aussy que je seray de bref et que j'auray bientost de bonnes nouvelles de vous de la prinse de Damfront et du Conte de Montgommery que j'attends en aussi bonne devotion que je prie Dieu, Monsieur de Matignon, vous avoir en sa Saincte garde.

Escript au Bois de Vincennes, le XXVIIe jour de may 1574.

CHARLES.

Contresigné : PINART.

XVIII.

Dépêche du Roi Charles IX, du 28 mai 1574.

Original. — Bibliothèque nationale. Fonds Français, Manuscrit, n° 3,255, fol. 32, n° 27. (1)

A Monsieur de Matignon, conseiller en mon conseil privé, cappitaine de cinquante hommes d'armes de mes ordonnances et

(1) Cette dépêche a été publiée par les Bibliophiles normands, n° X, p. 21.

l'ung de mes lieutenants generaulx en Normandye.

Monsr de Matignon,

Vous aurez veu par la lettre que je vous escripvez hier comme je me porte maintenant si bien que j'espère estre bien tost du tout achevé de guarir et quand j'ay sceu les nouvelles que m'avez escriptes par Des Chappelles, présent porteur, et qu'il m'a dict de vostre part de ce qui s'est passé à Dampfront et de l'esperance qu'avez d'avoir bien tost le chasteau et sur tout que le conte de Montgommery et les aultres qui sont dedans ne se puissent sauver, mais que m'en renderez bon compte dedans peu de jours je me suis fort resjouy d'aultant que ce sera ung très grand bien et reputation en mes affaires et service.

Veez la pourquoy je vous prye de rechechef et tous les gens de bien qui sont avecq vous que sur tous les services que dessus me faictes de ne perdre aulcun temps, comme je m'asseure que ne faictes à l'éxécution de vos entreprinses, trouvant très bon que vous avez faict faire la publication du paiement que ferez à celluy qui prendra vif ledict de Montgommery, à quoy vous ferez satisfaire de mes deniers ou si en faictes l'advance je vous en feray rembourser à l'instant et sans aucun retardement des deniers de l'espargne.

Je suis infiniment marry de la polteronnerye de ces canailles de soldats (1) qui ont comme m'a dict ledict Des Chappelles si mal faict aux assaults donnez au chasteau dudict Damfront. Il fault que en faciez faire quelque exemplaire justice ou demonstration par l'advis des seigneurs cappitaines et aultres gens de bien qui sont par de là et qui y ont si bien faict leur debvoir comme m'avez escript et que j'ay particullierement entendu dudict Des chappelles estant infiniment marry de la perte que j'ay faicte du pauvre cappitaine Saincte Colombe et de ceulx qui y ont esté tuez, et pareillement de ceulx qui ont esté blessez (2) faisant si bien et vaillamment leur debvoir comme m'avez escript qu'ont faict aussy les sieurs de Fervacques et de Laverdin (3) et par Mons' le cappitaine Thomassin et aultres, auxquels j'escripts particulièrement des

(1) Le mot est très-vif sous la plume du Roi. On savait du reste depuis longtemps déjà, et plusieurs historiens avaient signalé ce fait, que les soldats reculèrent à l'assaut de Domfront. Ce furent alors les gentilshommes et l'élite de la noblesse qui s'élancèrent en avant, en bataillons serrés.

(2) L'assaut du dimanche 23 mai 1574, dont il est ici question, avait duré de 2 heures à 7 heures du soir. Les assiégeants tirèrent 506 coups de canon et perdirent 160 hommes, dont 60 furent tués. Montgommery, de son côté, reçut une balle à l'épaule droite et deux éclats de pierres à la figure.

(3) Jean de Beaumanoir, plus connu sous le nom de La-

lettres que leur baillerez et aussy aux aultres seigneurs qui sont par de là avecq vous et les quels vous asseurerez de la bonne oppinion que j'ay d'eulx et de leur valleur et combien j'estime grant le service que vous et eulx me faictes en ceste occasion qui ne m'est pas de petite importance, car oultre la grande reputation qui sera à mes affaires quand aurez prins ledict Damfront avecq ledict Montgommery et ceux qui sont de dans il en adviendra une deffaveur si grande aulx aultres qui se sont eslevez et ont prins les armes contre moy que j'espère qu'après cella l'on aura bon marché d'eulx, et que Sainct Lo et Carentan ne dureront gueres quand ils verront ledict Montgommery et les aultres qui sont avecq luy prins, esperant qu'estant l'estendue de vostre charge comme elle sera lors bien reduite en mon obéissance, que le reste de la Normandye et lieux circonvoisins seront bien à repos, et pour ce je vous prye encores de rechef autant que vous aymez mes affaires et service de ne perdre une seulle occazion ny heure de temps et surtout donner si bon ordre que ledict Montgommery et les aultres chefs

vardin, était né au Maine, en 1551. Ce fut l'un des plus vaillants capitaines de la fin du xvi° siècle. Cette même année, 1574, il fut blessé à la prise de Saint-Lô. Fait maréchal de France en 1595, il fut l'un des sept seigneurs qui eurent le malheur de se trouver dans le carrosse du Roi Henri IV, lorsque ce prince fut assassiné par Ravaeillac.

ne se puissent eschapper. J'escripts aussy au cappitaine Lucen que je m'asseure estre fort vaillant, bien affectionné à mon service et qui a de bons hommes, et si fais encores à chacun une lettre aux seigneurs de Lucé et Bussy, afin que leurs soldats reparent la honte des aultres hommes et en attendant les bonnes nouvelles que j'espère de bref avoir de vous je vous diray que j'en attends aussy bien tost de fort bonnes de mon cousin le Duc de Montpensier car il avait gagné il y a desja huict jours les faulx bourgs de Fontenay et asseoit son artillerye pour le battre comme il aura faict bien tost après sans beaucoup tarder à faire bresche et venir aux mains, ayant avec luy une fort bonne trouppe de gens en délibération de m'y faire ung bon service et du costé de Guyenne j'espère aussy que comme je vous ay escript dernièrement tout ce pays là sera bien tost nestoyé et que selon que le S^r De la Vallette verra il se pourra attaquer à Montauban. Priant Dieu, Monsr de Matignon, vous avoir en sa Saincte et digne garde.

Escript au Bois de Vcincennes le XXVIIIe jour de may 1574.

Mr de Matignon, j'accorde de bon cœur suivant la prière que me faictes la compaignie de feu Saincte Colombe au cappitaine

Roger, son lieutenant, et donne de ma saine bonne volonté permission au Sr de Laverdin de pouvoir mettre un aultre cappitaine en la place et lieu du cappitaine La Bastide, si tant est qu'il meure, dont je suis bien marry. J'ay commandé les exemptions d'arriere ban pour ceulx que m'avez nommez par lettre contresignée de vostre main. Les expéditions en seront soit particullières ou générailes ainsy que vous et eulx vouldront. Vous l'escriprez par vostre première depesche.

CHARLES.

Contresigné : PINART.

Le capitaine François des Chapelles qui apporta au camp de Matignon la dépêche ci-dessus appartenait à la famille seigneuriale Des Chapelles (canton de Couptrain, Mayenne).

Il devait être le fils aîné de Guillaume Des Chapelles, seigneur Des Chapelles et de Guillelmine de Montesson. Ses deux frères puinés étaient Urbain, curé de Madré, puis Doyen de Javron, Mayenne (1) et Claude, sieur du Serrès, écuyer de la Reine (2). Leurs trois noms se trouvent inscrits dans le testament de leur mère, du 30 septembre 1590, daté et rédigé

(1) Urbain est mort à Javron en 1623 (Etat civil de Javron).

(2) Il mourut à Paris le 16 octobre 1604. Il fut inhumé le lendemain dans l'église de Saint-Paul ; mais le jeudi 17 février 1605, son cœur fut apporté à Javron et déposé dans l'église prieurale de cette localité (Etat civil de Javron).

Aux Chapelles. Par cet acte, elle avait disposé d'une somme d'argent pour l'entretien de l'église paroissiale Des Chapelles; de plus, elle avait chargé les Cordeliers d'Alençon de célébrer à son intention un trentain grégorial (1).

Pour François Des Chapelles, il avait embrassé la carrière des armes.

Dès avant l'année 1562, il avait reçu de Matignon la commission de capitaine commandant de la ville et du château de Domfront.

En 1562, comme en 1568, comme en 1574, son lieutenant était Pierre Coupel, sieur de la Poussinière (2).

Surpris dans la nuit du 27 septembre 1568, par De Poilley, qui n'avait que 130 hommes sous ses ordres, François Des Chapelles fit évacuer dès la première sommation la forteresse de Domfront qu'il ne pouvait défendre avec douze hommes seulement et avec les habitants qui étaient dépourvus d'armes et de munitions de guerre (3).

Privé une seconde fois du château de Domfront, dont il était toujours resté gouverneur, par la tentative audacieuse des frères Le Héricé, le capitaine Des Chapelles se retrouva, au siège de la même forteresse, dans les rangs de l'armée royale, aux côtés de Matignon. Ce fut lui que le général chargea du soin et de l'honneur de porter à la cour les dépêches contenant les détails de l'assaut infructueux du 23 mai 1574. Son titre de gouverneur de Domfront lui donnait qualité suffisante auprès

(1) Titre original communiqué.

(2) D'autres historiens disent sieur de la Polinière. — D. Piolin, hist. de l'église du Mans, v. 2, p. 462.

(3) Lange. Ephémérides normandes, t. 2, p. 195.

de son chef, qui comptait sans doute surtout sur son éloquence pour justifier et amoindrir cet échec.

Des Chapelles, dans cette circonstance eut plusieurs audiences royales et diverses entrevues avec Charles IX et avec sa mère. Le roi ne le laisse pas ignorer, dans la réponse que le délégué rapporta cinq jours plus tard au camp de Domfront. Cette dépêche est peut-être la plus intéressante de celles de notre recueil ; elle est du moins la dernière de celles que le jeune et infortuné souverain put envoyer au commandant de son armée (1).

Quelques années après, le capitaine Des Chapelles se reposait des fatigues de la prise de la ville de Mayenne (1589), au nom du Roi Henri IV, dans l'un des châteaux du voisinage, à La Motte-Fouqué. La société y était nombreuse et choisie. La comtesse de Sanzay en faisait grandement les honneurs et l'on y remarquait comme visiteurs, au milieu de plusieurs autres, MM. de Champsegré, Des Chapelles, Du Champ de la Pierre, Mademoiselle de Saint-Germain, fille de Jean de Saint-Germain, baron de Rouvrou, et Madame de Loré, femme de Gilbert de Loré qui venait de combattre tout auprès de M. de Sanzay (2).

La sépulture de la famille Des Chapelles se trouvait dans l'église paroissiale des Chapelles, du côté droit du grand autel (3).

Elle justifia, en 1666, devant l'Intendant de Tours, la possession de sa noblesse qui re-

1) V. Dépêche du 28 mai 1574, n° 18.

(2) Comte de La Ferrière. — Journal de la comtesse de Sanzay, p. 32.

(3) Actes de l'état civil Des Chapelles.

montait jusqu'à l'année 1395. Les armoiries étaient blasonnées : de gueules à la tour sommée de 3 tours d'or. (Manuscrit de la Bibliot. nationale, fonds des Titres, n° 439).

XIX.

Dépêche de la Reine Catherine de Médicis, du 30 mai 1574.

Original. — Bibliothèque nationale, Fonds français, Manuscrit 3,256, fol. 93, n° 58 (1).

A Monsr de Matignon, l'ung des lieutenants généraulx du Roy en Normandye.

Monsr de Matignon,

Nous ne saurions assez dire le plaisir et contantement que nous avons receu de la belle prise et réduction que vous avez faicts de Dompfront et du conte de Montgommery qui estoit dedans, dont le sieur de Sainct Léger, présent porteur, nous a faict entendre l'histoire.

Vous avez si bien et heureusement commencé que je m'asseure que Dieu vous fera la grâce que vous acheviez de mesme et remettiez Sainct Lo et Carentan soubz l'obéissance du Roy, Monsieur mon filz, pour nous rendre du tout en repos de vostre costé. En quoy vous avez desjà acquis et

(1) Cette dépêche a été publiée par les Bibliophiles normands, n° XII, p. 27.

vous reviendra tout l'honneur que peult désirer ung bon et grand capitaine. Vous priant continuer avec la mesme vigillance et promptitude que vous avez faict et vous asseurer que le Roy, mondict fils, fera pour vous et pour vostre advancement tout ce qui luy sera jamais possible et vous en reposez sur moy, qui prie Dieu, Monsieur de Matignon, vous avoir en saincte garde.

Escript au Bois de Vincennes, le 30° jour de may 1574.

CATHERINE

Contresigné : PINART.

XX.

Dépêche de la Reine Catherine de Médicis, du 31 mai 1574.

Original. — Bibliothèque nationale. Fonds français, Manuscrit 3,255, fol. 17, n° 15.

A Monsieur de Matignon, conseiller au conseil privé du Roy, Monsieur mon fils, capitaine de gensd'armes et l'ung de ses lieutenants généraulx en Normandie.

Mons' de Matignon,

Je vous prie que suivant ce que le feu Roy, Monsieur mon fils, vous a escript auparavant son decez vous asseuriez le sieur de La Verdin, oultre les lettres que Monsieur et fils luy a escript, que sa volonté estoit et comme aussy est la mienne que si le cappitaine La Bastille qui avoit charge d'une des compaignies qu'il a levées venoit à mourir de la blessure qu'il a eue à l'assault de Dompfront, il prenne et soit en son lieu de la compaignie tel qu'il vouldroit, aiant entendu qu'il désire que ce soit le cappitaine Sainct Martin, son frère, bien entendu; car à ce que l'on ma asseuré il est personnage qui le mérite bien et qui s'en acquitera dignement et vaillamment, priant Dieu, Monsieur de Matignon, vous avoir en sa saincte et digne garde.

Escript au bois de Veinccines, le dernier jour de may 1574.

Monsr de Matignon, je vous prie respondre par la voye ordinaire de la poste le plus vivement que vous pourrez....

CATHERINE
Contresigné : PINART.

XXI.

Dépêche de la Reine Catherine de Médicis, du 1er juin 1574.

Original. — Bibliothèque nationale. Fonds français, Manuscrit 3,255, f° 34, n° 28.

A Monsieur de Matignon, l'un des lieutenants généraulx au gouvernement de Normandye.

Monsr de Matignon, vous avez esté adverty par la précédente despesche qui vous a esté faicte des préparatifs qui se font depuis quelque temps en Angleterre et le doubte qu'il y a que en soit pour quelque entreprinse sur les villes et places du Roy, Monsieur mon fils, estans le long des costes ou pour faire descente en quelque endroict d'icelles, affin de secourir s'ils peuvent ceulx qui ont prins les armes en Normandye, et ayant la Royne d'Angleterre ou ceulx qui ont faict faire lesdicts préparatifs seu que vous avez prins Dampfront et quand et quand (1) le conte de Montgommery contre l'opinion de tous ceulx de son party qui ne pensoient pas qu'il se fust jamais laissé enfermer comme il a esté contre son voulloir. Il ne fault pas doubter qu'ils ne tentent soudain quelque entreprinse. Aussi ay je eu pertinemment advis qu'ils en sont en ceste déliberation et résolution de l'éxécuter bien tost.

A ceste cause, je vous prie incontinent la présente receue ne faillez de donner si bon ordre en l'estendue de vostre charge qu'il ne puisse advenir aulcun changement,

(1) Dans le texte il y a bien ET QUAND ET QUAND répeté deux fois.

estant aussy bon besoing au temps où nous sommes que vous preniez pareillement bien garde aultant au dedans que au dehors.

En m'asseurant de vostre bonne affection et vigillance et que n'y oublierez rien je ne vous en diray davantage, priant Dieu, Monsr de Matignon, vous avoir en sa Sainte garde.

Escript au Bois de Vincennes le premier jour de juing 1574.

CATHERINE.

Contresigné : PINART.

XXII.

Dépêche de la Reine Catherine de Médicis, du 18 juin 1574.

Original. — Bibliothèque nationale. Fonds français, Manuscrit 3,255, fol. 45, no 37.

A Monsr de Matignon, conseiller du Roy en son conseil privé, cappitaine de cinquante hommes d'armes de ses ordonnances et l'ung de ses lieutenants géneraulx en Normandye.

Monsr de Matignon,

Je vous prie vous faire dilligemment enquérir et mander de qui est prisonnier ung nommé (....) qui fut prins à Sainct Lo, et le retenir incontinent, asseurant celluy de qui il est prisonnier que sa rançon luy sera bien paieé et l'envoyez par deçà incontinent en seure garde et conduite de quelques gens qui seront accompaignés de cinq ou six chevaliers, en sorte qu'il ne s'eschape point.

Envoyez aussy par ce présent porteur, si vous pouvez, les papiers qui estoient dedans Dampfront et Sainct Lo (1) que penserez qui pourraient servir au procès du conte de Montgommery, de Colombières et des aultres conspirateurs rebelles. etc. etc.

Priant Dieu, Monsieur de Matignon, vous avoir en sa Sainte garde.

Escript à Paris, le XVIIIe juing 1574.

CATHERINE.

Contresigné : PINART.

XXIII.

Dépêche de la Reine Catherine de Médicis, du 24 juin 1574.

Original. — Bibliothèque nationale. Fonds français, Manuscrit 3,255, fol. 53; n° 43.

A Monsr de Matignon, Conseiller du Roy en son conseil privé, cappitaine de cin-

---

(1) C'était s'y prendre bien tardivement pour réclamer les pièces nécessaires au procès de Montgommery, dont la tête tomba quelques jours plus tard en place de grève.

quante hommes d'armes de ses ordonnances et l'ung de ses lieutenants généraulx en Normandye.

Monsr de Matignon,

J'ay entendu que l'Evesque de Tulles sortant de Sainct Lo par le moyen du Sieur de Chassaing, icelluy de Chassaing se confiant dudict Evesque de Tulles luy bailla en garde une chesne (1), dont il luy fist son recepicé et luy donna sa foy de la luy rendre.

Par après et que depuis le Sieur de Villarmoys vostre lieutenant, ayant trouvé un recepicé en la bourse de feu Blosset, qui fust tué à Dampfront, par lequel ledict de Chassaing confesse avoir receu ladicte chesne dudict Blosset, icelluy Villarmoys luy demanda icelle chesne et luy en a faict parler par vous lequel a remis de faire jusques à ce qu'il ayt sur ce entendu ma volonté; occasion pourquoy j'ay bien voulu vous faire ceste lettre pour vous prier de composer cella amyablement par de là sans le me renvoyer, car vous pouvez beaucoup mieulx ce faire estant ceulx qui y ont interest par de là et si la considération du plaisir que ledict sieur de Chassaing a faict audict Sieur de Tulles y est digne de considération, je vous prie y avoir esgard, comme

(1) Lisez chaine: probablement une chaîne en or.

je m'asseure qu'aurez eu toute équité pour l'ung comme pour l'autre, priant Dieu Monsr de Matignon, vous avoir en sa saincte garde.

Escript à Paris, le XXIIIIe jour de juing 1574.

CATHERINE.

Contresigné : PINART.

XXIV.

Dépêche de la Reine Catherine de Médicis, du 11 août 1574.

Original. — Bibliothèque nationale. Fonds français, Manuscrit 3,255, fol. 60, n° 49.

A Monsr de Matignon, chevalier de l'ordre du Roy, Monsieur mon fils, conseiller en son conseil privé, cappitaine de cinquante hommes d'armes de ses ordonnances et l'ung de ses lieutenants generaulx au gouvernement de Normandye.

Monsr de Matignon,

Je vous envoye la commission en blanc que j'ay faict expédier pour les desmolitions des places de Dampfront Sainct Lo et Carentan, laquelle je vous prye de faire remplir des noms de ceulx à qui vous commettrez la charge de faire lesdictes desmolitions auxquelles je vous prye de faire dilligemment travailler avec le meileur mesnaige et moings de frais qu'il sera possible.

Et n'estant celle cy à aultre fin, je pricray Dieu Monsr de Matignon, vous avoir en sa sainte et digne garde.

Escript à Nogent sur Seine le XIe jour de aoust 1574.

CATHERINE
Contresigné : PINART.

Malgré les ordres de Catherine de Médicis, la forteresse de Domfront resta debout.

Au mois d'avril 1580, Jean de la Ferrière, baron de Vernie, s'empara du château de Domfront pour la Ligue. Il en demeura maître jusqu'à la fin de décembre suivant. Les habitants secondés par Aimery de Villiers, maréchal de camp, envoyé par Henri IV, chassèrent alors les Ligueurs et s'emparèrent du château. Les tentatives que firent le Marquis de Belleisle et le capitaine Blanchetière, pour le reprendre, échouèrent devant la résolution de la garnison et la vaillance des habitants.

Commencées au XIe siècle, tour à tour ruinées et relevées dans les siècles suivants, les fortifications de Domfront furent rasées en l'année 1598, par ordre de Henri IV.

Les guerres de la Ligue avaient trop appris

à la royauté ce qu'elle avait à redouter de ces châteaux restés debout au milieu du pays comme un éternel défi à sa puissance, comme un asile pour ses ennemis, comme un appel permanent à la guerre civile.

Le château de Domfront fut donc rasé en 1598 seulement et la ville demeura désormais ouverte.

DEUXIÈME PARTIE

DOMFRONT

SES DIVERS DRAMES DE L'ANNÉE 1574

D'après le Manuscrit inédit du XVIe siècle

DE François DE BOISPITARD.

Publié par les soins d'un Bibliophile normand.

Dans notre préface de notre *Mémoire sur Domfront et son siége de 1574*, nous avons exprimé nos regrets les plus sérieux de ce que le *Journal* de Messire Fr. de Boispitard fût resté inédit jusqu'à ce jour. Notre appel, que nous avions déjà formulé dans des termes pressants, en 1869, dans l'Annuaire du département de l'Orne (1), n'a pas été inutile cette fois, puisque l'un des heureux possesseurs de ce manuscrit précieux y a répondu spontanément et a mis son exemplaire à notre disposition. Nous tenons à lui en exprimer publiquement ici toute notre vive gratitude, et à dire à nos bienveillants lecteurs de Domfront que cet acte de générosité nous vient de l'un de leurs plus intelligents compatriotes, M. Urbain Patou, l'un des petits-fils de Caillebotte, leur historien aimé et vénéré. C'est, par l'intermédiaire de sa famille, un dernier hommage de l'affection bien connue, que leur vieux chroniqueur portait à son pays, qu'il a fait connaître, et dont il a popularisé les an-

(1) H. Sauvage, Notice sur les Seigneurs de Domfront, p. 6.

nales militaires dans quatre éditions successives.

Grâce à son concours, nous pouvons donc enfin faire connaître ce très-curieux manuscrit, auquel nous ne nous permettrons d'ajouter que quelques mots sur l'auteur et sur son œuvre, ainsi que sur divers personnages de notre contrée, dont nous rencontrerons les noms sous notre plume.

François de Boispitard, écuyer, sieur ou seigneur de Cheviez et de Chènesec (1), de la Barillière et du Lude, était né à Domfront (Orne), le 3 septembre 1533 (2) ; il fut baptisé à l'église Saint-Julien, de cette ville (3).

Issu d'une maison d'antique noblesse, venue de l'Artois, au commencement du xive siècle, et naturalisée depuis en Normandie, aux environs de Falaise et de Domfront, il appartenait à la branche cadette de la famille Pitard, dont la généalogie certaine commence à Jean Pitard, qui, en 1484 épousa Jeanne Cousin. Ils eurent deux fils, savoir : Nicolas, l'aîné, seigneur de Boudé et de St-Hilaire, et Etienne, le second, seigneur de Chènesec et de Boispitard (4).

La branche aînée, qui a pris plus tard le titre des seigneurs de St-Jean-du-Corail, près

(1) Nous avons trouvé également les titres de sieur de Cheviez et de Chènesec donnés à Boispitard et à ses descendants. Ce devaient être deux fiefs différents situés dans le Passais.

(2) Indication donnée par Caillebotte. Nous ignorons où il a trouvé cette date.

(3) Note du Journal de Boispitard (Annuaire de l'Orne 1876).

(4) Julien Pitard, Nobiliaire Mss. du comté de Mortain, PENÈS NOS.

Mortain, a conservé les noms patronymiques et les armoiries des Pitard ; tandis que la branche cadette a été connue sous celui de Boispitard (1). François, dont il est ici question, devait être le fils d'Etienne, seigneur de Chènesec et de Boispitard ; il formait par conséquent la seconde génération de cette nouvelle famille, qui, implantée dans le Maine, à Sougé-le-Gannelon, dont elle posséda longtemps le château seigneurial, s'y est perpétuée jusque vers le milieu du XVII° siècle. Elle a dû s'y éteindre en la personne de Messire Antoine de Boispitard, chevalier et gentilhomme ordinaire de la chambre du Roi, mort à Sougé, le 19 juin 1631, et enterré le lendemain dans l'église de cette paroisse.

Sa veuve, Marguerite Corbin, concourut le 7 septembre de cette même année 1631, à la fondation d'un collége à Sougé. Mais après la mort de son mari, elle avait quitté sans doute Sougé, puisqu'elle habitait alors à la Girardière, en la paroisse de la Pooté-des-Nids. Elle décéda elle-même quelques années plus tard et son inhumation eut lieu le 28 novembre 1647, dans l'église de Sougé, par les soins de Messire René Cahan, curé de Douillet, en présence de seize prêtres. L'année suivante, le 21 novembre 1648, Jacques Le Silleur, écuyer, seigneur de Sougé et Mademoiselle Julienne Le Silleur, figuraient comme parrain et marraine à un baptême à Sougé.

Cette nouvelle famille Le Silleur, issue vraisemblablement de l'héritière unique des Boispitard, leur était substituée dans tous leurs droits. L'acte d'inhumation de René Le Silleur, dressé le 24 avril 1653, ne saurait laisser au-

(1) Julien Pitard, Nobiliaire Mss. du comté de Mortain, PENÈS NOS.

cun doute à cet égard par le fait de l'énumération de ses titres de seigneur de Sougé, Chènesec, Cheviez, Mebzon (1), la Barillière et Corbozain (2).

La famile Le Silleur qui comptait, en 1666, de nombreux représentants dans l'élection de Domfront, paraît du reste originaire de cette partie de la Basse-Normandie.

Quant à François de Boispitard, d'après ce qu'on en peut juger par les écrits qu'il a laissés, il reçut une éducation littéraire fort soignée et presque exceptionnelle pour son temps. C'était du reste à l'époque de la renaissance des beaux arts et des lettres où, sous l'impulsion bienfaisante des rois François Ier et Henri II, la noblesse guerrière savait déposer sa vaillante épée des combats périlleux et le lourd gantelet de fer, pour se servir de la plume légère avec un talent véritable.

---

(1) Un ami a bien voulu nous transmettre la note suivante au sujet de Mebzon.

« Mebzon était un fief, du territoire d'Etrigé, en la
« commune de Sept-Forges, arrondissement de Dom-
« front.

« On y voit encore le vieux logis seigneurial, inté-
« ressante construction du moyen-âge, non signalé aux
« touristes et bien digne néanmoins de l'attention des
« curieux. Il serait grandement à désirer qu'un arché-
« ologue entreprit pour ce petit édifice une étude sem-
« blable à celle consacrée avec tant de talent par
« M. Blancherière, au manoir de la Chalerie, car Meb-
« zon est peut-être plus intéressant encore et son état
« de délabrement fait craindre une destruction pro-
« chaine. »

(2) Inventaire sommaire des Archives départementales de la Sarthe.

Nous tenons ces divers documents de l'obligeance de M. Ch. de Montesson, auquel nous voulons adresser ici tous nos remerciements.

A l'âge de vingt ans à peine, en 1553, il suivit le roi Henri II en Allemagne, et fit emplète d'un coursier qui fut tué sous lui à la bataille de Renti, le 13 août 1555. Après la campagne, et trois années plus tard, il s'en revint dans ses foyers, avec son oncle le sieur de Tessé, de St-Fraimbault, qui appartenait à la famille des La Ferrière, et il épousa, en 1558, mademoiselle de Cailly, qui lui apporta en dot la terre seigneuriale de Sougé-le-Gannelon, au Maine (1).

Au mois d'avril 1562, au signal donné par le prince de Condé, et par les trois Châtillon, frères du comte de la Rochefoucault, par Montgommery et autres chefs protestants, qui s'emparèrent tour à tour d'Orléans, de Rouen, de Tours, de Lyon, de Boisgency, etc., etc., Boispitard, le sieur de la Ferrière (ce personnage, déjà nommé précédemment était l'oncle de Boispitard), le baron de Larchamp et le seigneur de Saint-Hilaire allèrent trouver le roi à Vincennes et lui offrirent de nouveau le concours de leurs épées et de leur expérience (2).

A son retour de la campagne de France, lorsqu'il rentra à la Barillière, simple gentilhommière, située en la paroisse de St-Front, près Domfront, les habitants vinrent spontanément en députation prier le jeune chevalier de Boispitard de prendre la défense et la garde de leur ville et de leur château de Domfront. Ils s'obligèrent, ainsi que les paroisses voisines, de lui fournir de trois à quatre cents soldats, dont ils l'élurent le chef : il accepta.

(1) Analyse du Journal de Boispitard ; Annuaire de l'Orne, 1876.

(2) Analyse du Journal, Annuaire de l'Orne 1876.

Aidé de ces forces, bien peu aguerries, François de Boispitard sut cependant repousser avec énergie et vigueur la tentative du capitaine Montaléon, qui vint le jour du mercredi des cendres pour surprendre Domfront avec cent vingt cavaliers et quelques gens de pied.

Une fois la paix faite, il se retira sans doute dans ses domaines, où il semble avoir vécu tranquillement jusqu'au moment où, d'après son JOURNAL, il prit une part active à la reprise du même château de Domfront, dont s'étaient, au mois de février 1574, emparés les frères Le Héricé.

Nous n'avons pas à entrer dans les angoisses qu'il dut subir lorsqu'il lui fallut s'enfuir en toute hâte, la nuit, de la Barillière, avec ses enfants bien-aimés et ses serviteurs fidèles, et lorsqu'il apprit bientôt le complet pillage et le saccagement de sa demeure, de sa chère gentilhommière qu'il affectionnait. Tous ces détails sont dans son JOURNAL que nous publions aujourd'hui, écrits avec larmes.

La vengeance et les représailles en furent terribles plus tard, pour ne pas dire abominables, suivant l'expression vraie de M. de la Sicotière (1). La seule excuse de de Boispitard est dans ce fait que les mœurs du temps les autorisaient, puisqu'elles s'accomplirent sous les yeux même du général en chef, de Matignon, en présence de l'armée entière. Car enfin, l'exhumation du cadavre d'Ambroise Le Héricé, qu'on porta à une potence, fut un sacrilége ; et plus tard, l'exécution capitale de René, son frère, bien que juste, puisqu'il était pris dans des circonstances

(1) Département de l'Orne arch. et pitto. p. 126.

très-graves, ont tout le caractère d'une satisfaction privée et personnelle, plutôt que celui d'une peine infligée au nom de la vindicte publique.

Jetons donc un voile sur tous ces excès déplorables, dont les guerres de religion des xv° et xvi° siècles ont montré tant d'exemples, et bornons-nous à en tirer le récit dans le texte chaud en couleurs de de Boispitard, qui peut encore nous émouvoir et nous impressionner, même après trois siècles. Les appels aux armes et à la violence, faits au nom d'une cause religieuse ou politique ont, toujours et dans tous les temps, provoqué des scènes de barbarie ; et dans nos propres et trop récentes luttes intestines, qui remontent à quelques années à peine, nous avons vu de nos propres yeux commettre les actes les plus déshonorants de fanatisme.

Pour François de Boispitard, après avoir relevé La Barillière de ses ruines, il dut y terminer sa vie et recevoir sans doute la sépulture auprès de sa femme et près de ses parents, dans l'église de Notre-Dame-sur-l'Eau, près Domfront.

Il serait resté probablement oublié comme tant d'autres guerriers, si, comme nous l'avons déjà dit, après avoir déposé son armure de fer, il n'avait su faire usage de la plume de l'écrivain.

Sous le titre très-simple de JOURNAL, il a en effet narré les événements dont il fut le témoin oculaire, ou qui se sont accomplis de son vivant ; ceux auxquels il a pris une part active et ceux qui sont parvenus jusqu'à lui d'une manière certaine. Son récit est toujours empreint d'une vive émotion et les expressions pittoresques et heureuses ne lui font presque jamais défaut.

Jusqu'ici, ce JOURNAL est demeuré à peu près inconnu, quoique signalé depuis longtemps par divers historiens, qui lui ont fait quelques emprunts, mais sans l'éditer toutefois dans son entier. Nous-même sommes obligé actuellement de nous limiter à ce qui touche particulièrement à la forteresse de Domfront et au siége qu'elle soutint en l'année 1574. Il eût mérité d'être mis tout entier sous les yeux du public. Mais à notre véritable regret nous devons confesser que nous ne possédons que cela et que nous donnons tout ce que nous avons.

Quant au manuscrit original de ce JOURNAL qui fut composé à la Barillière, il est resté fort longtemps entre les mains des descendants de l'auteur. Il existait encore à la veille du commencement de ce siècle.

De ce manuscrit, voici ce que nous en savons :

En 1739, il se trouvait dans le chartrier ou dans la bibliothèque de M. Le Silleur, chevalier, seigneur de Sougé-le-Gannelon, canton de Fresnay, arrondissement de Mamers (Sarthe), descendant par sa mère de François de Boispitard.

Un peu plus tard, vers 1785, il fut prêté par Madame de Saint-Aubin de Montesson, châtelaine de Sougé, et propriétaire du même domaine, à Odolant-Desnos, l'historien d'Alençon.

Dire ce qu'il est devenu depuis n'est pas possible, car nous n'avons pu le retrouver malgré nos recherches et nos démarches nombreuses et malgré les investigations minutieuses auxquelles plusieurs de nos amis se sont livrés pour nous. C'est en vain que nous avons fait appel aux grands dépôts de la Bibliothèque nationale, des Archives nationales, des diverses Bibliothèques de Paris et du Mans, des Archives du Ministère de la Guerre et des Archives de la Sarthe. Nous devons croire que ce manuscrit original n'existe plus et qu'il a dû être brulé, ainsi que la lettre ci-jointe nous autorise à le supposer.

PRÉFECTURE DE LA SARTHE   *Le Mans, le*

Archives Départementales

« Je voulais pouvoir vous donner des renseignements certains sur le Manuscrit de Boispitard, dont vous me parlez.

« Ce document ne se trouvant point dans mes archives que je connais bien, ne pouvait exister que dans les archives municipales du Mans, non encore définitivement classées ni inventoriées, et en grande partie inexplorées, ou encore entre les mains de M. de Montesson, membre de notre Société historique.

« J'ai remué de fond en comble les archives municipales et j'y ai fait des découvertes intéressantes, mais point celle que j'avais le plus à cœur.

« Je me suis alors retourné du côté de M. Charles de Montesson, qui m'a dit n'avoir jamais entendu parler du manuscrit dont je m'enquérais.

« Après l'assassinat de MM. Carron et de...,

à Ballon, les Montesson émigrèrent à la hâte. Un des fils de mademoiselle Le Silleur, de Sougé, commandait un régiment à l'armée de Condé. Leurs biens furent vendus nationalement et tous les titres et papiers trouvés à Sougé et à Douillet, furent brulés ou dispersés. Ce feu de joie fut allumé sur la place publique de Sougé-le-Gannelon (1).

« Le manuscrit original de François de Boispitard semble donc irrévocablement perdu.

« Quant à la copie de Mauny, a-t-elle eu le même sort? Je n'oserais l'affirmer, mais je ne l'ai pas rencontrée dans les archives municipales du Mans qui renferment des documents de toute nature et de toute provenance. Ce n'est que dans ce volumineux dépôt que je pouvais avoir quelque chance de la rencontrer, et je n'ai pas eu cette bonne fortune etc.

« Veuillez agréer, etc.

« *Signé :* BELLÉE, archiviste. »

Il a été certainement fait plusieurs copies du manuscrit autographe de Boispitard.

La première en date est celle de Louis Maulny, conseiller au Présidial du Mans, qui avait donné à sa transcription, faite d'après l'original, un caractère d'authenticité sérieux, en la faisant suivre d'un certificat conçu dans les termes suivants :

« Cette copie cy-dessus et des autres parts
« est de mon écriture et conforme à l'original
« trouvé dans le *Livre Journal* de Monsieur
« François du Boispitard, écuier, seigneur de

---

(1) Les mêmes faits sont rapportés par M. Leguicheux, dans ses Chroniques de Fresnay, article Douillet. — Le Mans, 1877. — Ce fut, dit cet auteur, le 24 juin 1792, qu'eut lieu ce feu de joie, au lieu nommé le Grand-Cimetière.

« Chenesec, qui se signala et fut présent au
« siège de Domfront ; lequel dit *Journal* est
« demeuré à Monsieur Le Silleur, chevalier,
« seigneur de Sougé-le-Gannelon, province du
« Maine, arrière-petits-fils du côté maternel
« de mondit sieur du Boispitard, qui me l'a
« confié à ma prière, pendant quelque temps
« et que je lui ai renvoyé ce jourd'huy quatre
« février 1739.

« Signé MAULNY, conseiller au Présidial du
« Mans. »

Au temps du Directoire, cette même copie était entre les mains de... Maulny (1), son fils ou son petit-fils, correspondant du conseil des Mines, membre de la Société libre d'émulation de Rouen et du lycée des sciences, belles-lettres et arts d'Alençon.

Le citoyen Maulny la confia au commencement de ce siècle à A. Caillebotte, le jeune, l'historien zélé de la ville de Domfront, qui, avec son autorisation, la fit transcrire, probablement en partie seulement, par les soins de M. Monnoyer, au prix *de six livres* (2).

C'est cette dernière copie qui nous a été récemment communiquée de la façon la plus courtoise et la plus aimable, au nom de monsieur Patou, son possesseur actuel. Elle remonte ainsi aux premiers jours de ce siècle, puisque le Journal de Boispitard est mentionné dans la première édition de l'histoire

(1) Probablement Louis-Jean-Charles Maulny.

(2) D'après M. Haureau (Histoire littéraire du Maine, 2e édition, t. VIII, p. 94), les manuscrits de MM. Maulny, qui ont publié beaucoup, seraient perdus, mais tout nous permet de supposer qu'ils ont dû être confiés ou légués par eux à M. Monnoyer, leur constant éditeur, puisque c'est ce dernier qui fit faire la transcription partielle de Caillebotte. A notre prière, M. Monnoyer fils a cherché et n'a rien pu trouver.

de Domfront, qui date de 1807. Aucune des quatre éditions de cet utile petit livre n'a eu garde de l'oublier.

Cependant il existe une autre transcription qui provient de la même source, c'est-à-dire de Caillebotte. Ce travailleur, passionné pour l'histoire de sa ville de Domfront, non-content d'avoir donné plusieurs éditions successives de son ouvrage, avait préparé un second volume, resté inédit et consacré encore à l'illustration de ce petit coin de notre chère Normandie. Ce travail avait analysé dans une mesure fort large le récit de Boispitard ; de telle sorte que le JOURNAL du vieux guerrier s'y retrouvait encadré presque tout entier. Or, ce manuscrit de Caillebotte est échu en partage, avec d'autres titres et quelques pièces de valeur à l'un de ses neveux, M. l'abbé Guillou, aujourd'hui curé de Vieux-Pont, proche Écouché. Ce bienveillant ecclésiastique avait eu la bonté, il y a quinze ans environ, de nous promettre qu'il voudrait bien nous le laisser voir et le parcourir. Des circonstances imprévues nous ont mis dans l'impossibilité de réaliser ce projet. Cette copie ne doit donc pas différer sensiblement de la transcription faite d'après le Manuscrit de la famille Maulny.

Seulement, nous tenons à le bien faire comprendre, les manuscrits de Caillebotte ne reproduisent pas le JOURNAL de Boispitard dans son intégralité complète. Son récit commence à l'année 1553 et les copies de Caillebotte sont limitées à la seule narration des faits accomplis à Domfront, en l'année 1574, c'est-à-dire qu'elles contiennent un fragment considérable, il est vrai, de ce même Journal ; mais enfin ce n'est qu'une partie de l'ensemble du travail de Boispitard. Aussi Caillebotte avait-il cru devoir donner à sa copie le titre de *Mémoire de Francois de Boispitard sur la prise de Domfront par les Protestants et sur la prise de Gabriel de Montgommery par le comte de Matignon*. Les mêmes motifs lui avaient fait adopter dans ses diverses éditions de l'Histoire de Domfront, celui de *Journal curieux de la Prise de Domfront par les Protestants, en 1574.*

Après Caillebotte, et sans connaître les Manuscrits de Boispitard, M. Liard a reproduit la même indication incorrecte, et nous-même l'avons adoptée dans notre notice sur les Seigneurs de Domfront. Aujourd'hui, nous tenons à rectifier cette inexactitude et à restituer à l'œuvre du vieux ferrailleur son titre, tel que l'auteur l'a choisi lui-même : JOURNAL de François de Boispitard.

Cependant deux historiens d'un grand mérite ont publié déjà quelques passages de ce JOURNAL: nous avons nommé M. Léon de la Sicotière et M. le comte Hector de la Ferrière.

D'après ses déclarations formelles, M. de la Sicotière, en publiant (1) l'un des passages les plus saillants de ce même manuscrit, a reconnu qu'il le devait à Caillebotte. La connaissance de ce fragment n'a fait que centupler la valeur de ce précieux ouvrage, par les détails palpitants d'intérêt qu'il a révélés.

Tout porte à croire que M. de la Ferrière (2), en faisant connaître quelques alinéas

(1) Orne archéol. et pitt. 1845, p. 126.

(2) Journal de la comtesse de Sanzay, 1859, p. 26.

du même manuscrit, a donné également tout ce qu'il savait.

Nous ne pensons pas que ni l'un ni l'autre de ces Messieurs ait eu de copie complète de la transcription de Caillebotte. Nous sommes beaucoup mieux partagé aujourd'hui et nous sommes heureux et fier d'un tel privilége dont nous nous empressons de faire bénéficier les compatriotes de Caillebotte.

En résumé, nous pouvons donc garantir l'existence de deux copies totales ou partielles de ce JOURNAL, d'après celle de Maulny, et toutes les deux proviennent de Caillebotte. L'une d'elles seulement nous est connue.

Mais Odolant-Desnos avait puisé également aux sources originales. Il avait eu l'autographe de Boispitard dans son cabinet de travail. Il sut y faire d'assez nombreux emprunts, que l'on peut retrouver textuellement dans son Histoire d'Alençon (1), en modifiant toutefois les expressions.

Nous voulons même croire que c'est à lui que l'on doit l'intéressante analyse que possèdent actuellement les archives du département de l'Orne et que l'Annuaire de l'Orne, de 1876, a, tout récemment, sous la direction de M. Gravelle-Desulis, le savant conservateur des archives départementales, publié dans son entier, sous le titre d'*Extrait du Journal de Boispitard*. Mais cet extrait ne comporte que huit pages. Il est fort bien fait, et suffit pour susciter grandement l'intérêt et la curiosité des bibliophiles Normands qui regrettaient de ne pas connaître ce fameux Journal dans son intégralité.

(1) Histoire d'Alençon, tome 2. p. 291 et suiv.

Enfin, pour être complet, nous ne devons pas oublier de dire que Lange (1) a répété quelques lignes de Boispitard, mais évidemment d'après Odolant-Desnos.

Pour nous, dans cette publication, nous nous bornons à éditer la partie du JOURNAL de Boispitard qui concerne Domfront et ses annales militaires, si dramatiques. C'est aussi tout ce que renferme le manuscrit qui nous a été communiqué si aimablement et avec tant de bienveillance. Nous y avons ajouté toutefois quelques paragraphes du résumé publié dans l'Annuaire de l'Orne de 1876.

Que nos amis soient maintenant les juges de l'opportunité de cette publication du JOURNAL du vieux capitaine du XVIe siècle, et qu'ils nous disent si nous n'avions pas raison de la désirer depuis déjà fort longtemps.

HIPPOLYTE SAUVAGE.

---

(1) Ephémérides normandes, 1834, t. 1 et 2, à diverses dates.

LES DEUX FRÈRES LE HÉRICÉ

Les frères Le Héricé ont joué, dans les événements qui vont suivre, un rôle tellement important qu'il nous a semblé indispensable de rechercher quels pouvaient et devaient être ces deux personnages.

Nous n'avons trouvé sur eux aucun renseignement dans les rares historiens qui ont raconté les événements dramatiques du xvie siècle. Cependant il doit ressortir aux yeux de tous que ces espèces de *condottieri*, que François de Boispitard nous dépeint comme des bandits de la pire condition et comme le rebut de la société d'alors, n'eussent pu s'imposer à leurs nobles complices, accourus autour d'eux dans le château de Domfront, s'ils n'eussent été leurs égaux par la naissance et de plus leurs supérieurs par leur position dans la profession des armes. Ils n'auraient pas su, dans ces circonstances, conserver le commandement non contesté de la forteresse, encore bien qu'ils l'eussent conquise seuls. Enfin, la conduite arrogante du Balafré envers Montgommery, lui-même, auquel il tint, comme on le dit en langage vulgaire, la dragée très-haute, n'eût été tolérée par personne, si le vaillant capitaine se fût trouvé en présence d'un *vilain*. Tous ces agissements de ces audacieux partisans indiquent donc, à n'en pas douter, des hommes rompus au rude métier de la guerre, qui était surtout pratiqué dans ces temps par la noblesse.

« Ils appartenaient en effet (1) selon toute
« apparence, à l'une des principales familles
« de la contrée, en possession dès cette époque
« de charges notables, et classée parmi les
« maisons nobles du Passais Normand.

« Nous ne savons s'il faut leur attribuer
« comme ancêtre Louis Le Héricé (Lodowi-
« cus Le Hericie, armiger), auquel le roi
« d'Angleterre Henri V rendit ses biens en
« 1419 (2). Mais des actes authentiques per-
« mettent d'affirmer qu'en 1539, Thomas et
« Jean Le Héricé exerçaient l'office de tabel-
« lions en la vicomté de Domfront.

« Le 1er octobre 1576, maître Gatien Le
« Héricé, verdier de Passais et d'Andaine,
« comparut à l'échiquier d'Alençon (3).

« Dans un acte original du 18 novembre
« 1576, figure ce même Galieu (sic) Le Héricé,
« avec maître Jacques Le Héricé, *advocat*, et
« maître Guillaume Le Héricé, greffier des
« eaux et forêts.

« Le 5 juillet 1600, Mainfroy et Guy Le Hé-
« ricé, frères, sieurs de la Biherrière, en la pa-
« roisse de Torchamp, fils et seuls héritiers de
« défunt Guillaume Le Héricé, rendent aveu à
« la Châtellenie de Domfront pour leurs héri-
« tages.

« Un autre titre du 10 juillet 1627, men-
« tionne Georges Le Héricé, sieur de Hal-

---

(1) Nous devons les notes qui suivent, ainsi que bon nombre de renseignements, dont nous ferons usage, à la complaisance d'un correspondant, mieux à même que nous de scruter les détails purement locaux.

(2) Mém. de la Soc. des Ant. de Normandie, t. XXIII, p. 249.

(3) Bry de la Clergerie, hist. du Perche. p. 366.

« laines, qui, en 1635, donna déclaration au
« roi pour ce fief (1).

« M. de Maude (2) attribue à ce dernier ce
« blason : *de gueules à trois hérissons passants
« d'or, posés 2 et 1* (3).

« Enfin, citons encore dame Renée Le Hé-
« ricé, veuve du sieur marquis de Lespinasse,
« qui, le 14 mai 1659, rendit aveu pour des
« héritages, situés à l'Aubercière, en Juvigny.

« Ces indications doivent amplement suffire
« et autorisent à croire que les ennemis de
« Boispitard appartenaient, comme lui-même,
« à la classe privilégiée et qu'ils étaient origi-
« naires du Passais.

« Nous pouvons ajouter que les frères Le
« Héricé étaient plus généralement désignés
« sous la qualification de *sieurs* de La Tou-
« che (4).

« Il est surprenant qu'un historien attentif
« et soigneux, comme l'était Odolant-Desnos,

(1) Le Paige, dict. du Maine, t. 1, p. 398, et Cauvin, armor. du Maine, ann. de 1842.

(2) Armorial du Maine, v. Le Héricé.

(3) D'Hozier, dans son armorial général, a donné pour armoiries à N... Le Héricey (bureau de Domfront), écuyer et à la veuve Le Héricey : D'OR A 3 PORCS ÉPICS DE GUEULES 2 EN CHEF ET 1 EN POINTE. (Bibliot. nationale, in-fo p. 484).
Les armoiries données par M. Blanchetière (les Pierres Tombales de l'Eglise N.-D.-sur-l'Eau de Domfront ; voir le PUBLICATEUR DE L'ORNE du 17 mars 1878, 29me année, no 11) aux Le Héricé : D'ARGENT A TROIS HÉRISSONS DE SABLE, ne diffèrent que par les émaux. Ces variations étaient usitées, à l'instar des brisures, pour distinguer les membres des diverses branches d'une même famille. Le Héricy, élection de Caen: D'OR, A TROIS HÉRISSONS DE SABLE. Nous ignorons si quelques liens de parenté existaient entre cette maison et les Le Héricé, du Passais.

(4) Les lieux dits de la Touche sont communs dans ce pays boisé. TOUCHE, PETIT BOIS. Voir Ducange, Glossaire, verbo Toscha.

« n'ait pas saisi ce détail, alors qu'il avait à sa
« disposition le JOURNAL DE BOISPITARD, en
« même temps que les autres récits du siége
« de Domfront. Comment donc n'a t-il pas vu
« qu'entre le *capitaine La Touche*, auquel les
« historiens attribuent la prise du château de
« Domfront et le capitaine Ambroise Le Hé-
« ricé l'identité est parfaite ? De même, le *ca-
« pitaine La Touche, le jeune*, pendu après la
« capitulation du château, n'est pas autre que
« René Le Héricé.

« Ces faits ressortent avec évidence de la
« comparaison des textes (1).

« Quant à notre chroniqueur, François de
« Boispitard, il n'avait garde de désigner ses
« ennemis par une sorte de titre honorifi-
« que. Le surnom de *Pissot*, qu'il leur pro-
« digue avec une ironie évidente, devait
« être, dans sa pensée, une sorte de sobriquet
« grossier, qui nous révèle encore un détail.
« Après avoir raconté le supplice de René, il
« ajoute en effet : « Ainsi voilà la vie et belle
« fin des deux voleurs dits Pissots, qui avaient
« fait la guerre et esté cause de la ruine et sur-
« prinse des ville et chasteau de Domfront ;
« ils demeuroient tout auprès. » Nous pouvons
« conjecturer par là, que les sieurs de la
« Touche habitaient au lieu du Pissot, situé
« sous les remparts de la ville. Du reste, ce
« surnom distinctif de Pissot est en tout ana-
« logue à celui que Boispitard donne à René
« Louvel, bourgeois de Domfront : il le nomme
« *Louvel Brière*, parce que sa maison était si-
« tuée sur la Brière.

(1) Nous ajoutons que si les historiens contemporains n'ont pas fait les mêmes remarques, c'est qu'ils ignoraient l'existence du Mss. de Boispitard. Odolant-Desnos eût pu seul établir ces coïncidences.

« Un dernier détail doit encore être signalé :
« Boispitard nous dit que René Le Héricé
« offrit de vendre 3000 livres de biens pour
« payer sa rançon. C'était alors une somme
« considérable, si l'on songe à la rareté du
« numéraire qu'avaient faites les guerres in-
« cessantes de cette époque, et surtout au pou-
« voir de l'argent ! Les sieurs de La Touche
« avaient donc un certain patrimoine.

« En résumé, nous espérons avoir soulevé
« le voile et à peu près établi que les frères
« Le Héricé, sieurs de la Touche, apparte-
« naient à une famille notable du Passais et
« qu'ils demeuraient au village du Pissot, sous
« les murs de la ville. En l'absence de tout
« document plus positif, nous ne hasarderons
« pas d'autres conjectures. »

Toutefois, il reste encore un devoir de justice envers ces malheureux que Boispitard prétend vouer à l'éxécration et au mépris. Victime de leurs méfaits, il peut les maudire ! Pour nous, s'il y a lieu, nous sommes tenus de dispenser l'éloge, tout aussi bien que le blâme ; car, à trois siècles de distance, l'impartialité doit être notre règle et nous savons que si l'on doit des égards aux vivants, aux morts on doit surtout la vérité.

De même qu'un trop grand nombre de ceux qui ont pris part aux luttes intestines et fratricides de cette malheureuse époque, les frères Le Héricé furent des hommes de guerre farouches, capables des plus grandes violences et de tous les excès, mais aussi des soldats pleins de vaillance et courageux jusqu'à l'héroïsme. La surprise du château de Domfront, par Le Balafré ; sa conduite arrogante envers Montgommery indiquent un caractère d'une rare énergie et révèlent une audace que rien ne fait reculer. Le capitaine La Touche, le jeune, est spécialement cité parmi les religionnaires, dont la brillante conduite pendant les assauts excita l'admiration des troupes royales, et Matignon ne lui eût pas infligé un supplice ignominieux, sans les obsessions de Boispitard

Sans doute, les pillages, les incendies et les meurtres, dont celui-ci fait, pour se justifier, l'énumération complaisante, méritent toute notre réprobation. Mais les abominables manifestations de sa vengeance; le sacrilége commis sur le cadavre du Balafré et l'exécution sommaire, sans aucune espèce d'apparence de jugement de son frère René, ne nous indignent pas moins et nous portent à blâmer le justicier presque à l'égal des coupables. Des souvenirs trop récents nous rappellent que de tels excès sont encore possibles même aujourd'hui, malgré les progrès de la civilisation et l'adoucissement des mœurs. Plaignons donc les auteurs du drame qui va se dérouler à nos yeux dans les pages suivantes, et soyons indulgents pour tous.

H· Sauvage.

JOURNAL

De François de BOISPITARD.

Extraits divers concernant Domfront (1).

I.

1568 (le 2 septembre) (2). — L'église de Notre-Dame-sur-l'Eau fut brûlée par les Huguenots, le clocher brûlé et les deux petites cloches fondues, et il se sauva peu de chose de ladite église. Les images furent achevées de ruiner de ce qui en étoit resté après l'entreprise du comte de Montgommery qui y avoit fait bien du mal.

Ce malheur advint après que le sieur de Poilly de Bretagne (3) eut surpris la ville de Domfront qui étoit gardée par le sieur Des

---

(1) Les trois passages suivants sont empruntés à l'analyse du Journal publiée dans l'Annuaire de l'Orne de 1876, p. 53 et suivantes.

(2) Lange, dans ses Ephémérides normandes, inscrit le même fait à la date du 27 septembre 1568.

(3) Il importe de rectifier une erreur qu'ont commise Odolant-Desnos, Caillebotte et plusieurs autres en donnant, à ce personnage, le nom de Poly de Bretagne, d'après le Mss. de Boispitard. Il ne saurait être douteux un seul instant qu'il s'agit là de Jean de Poilley, né au château de Poilley, près Fougères, en Bretagne.
Jean de Poilley était fils d'un brave colonel, du temps de Henri II, qui blessé gravement au genou pendant le siége de Poitiers d'un coup de fauconneau, mourut à Chastelrault où il s'était fait transporter. Il devait être encore fort jeune lors des événements que nous racontons, et nous devons lui supposer à peine vingt ou vingt-cinq ans. Plus tard, il épousa Anne Le Moyne de Sourdeval, dame d'honneur de la Reine Louise, femme de Henri III. Successivement capitaine de 100

Chapelles que M. de Matignon, commandant pour le Roy y avoit mis ; il se retira avec les siens au château qu'il laissa (*la ville évidemment*) à la discrétion dudit sieur de Poilly, et en sortit par un trou qui étoit au derrière du château qui étoit regardé comme une place forte et inexpugnable autrement que par machines et canons et par un siége en forme.

Le sieur de Poilly n'avoit que 120 hommes mal armés qui pillèrent la ville, ensuite joignirent le comte de Montgommery.

II.

1570 (1ᵉʳ juin). — Le Roy Charles IX et la Reine sa mère, Monsieur Henri de Valois duc d'Anjou et Madame, frère et sœur du Roy arrivèrent à Domfront un jeudi, en partirent le vendredi matin pour Argentan où ils furent quinze jours, et où le Nonce et les Ambassadeurs du Pape apportèrent un chapeau et une épée en signe des victoires qu'ils avoient gagnées sur les Huguenots.

hommes d'armes, colonel de 10 compagnies de fantassins, gentilhomme ordinaire de la chambre du roi et chevalier de ses ordres, il fut également employé par Henri IV dans diverses négociations diplomatiques en Angleterre et en Bretagne, auprès du duc de Mercœur. La terre de Poillé fut pour lui érigée en baronnie le 28 août 1595 et la faveur royale l'autorisa en 1601 de ceindre son château baronnial de murailles pour sa défense. Plus tard, il obtint le titre de conseiller d'état, avec 3000 livres de pension et le gouvernement du fort de Tombelaine. Enfin, à la mort de son beau-père André Le Moyne de Sourdeval, il devint gouverneur et grand bailli du comté de Mortain. Jean de Poilley fut inhumé vers 1625 dans le chœur de l'église collégiale de Mortain, à gauche de l'autel paroissial, du côté de l'épître. En 1598, il avait acquis l'important domaine de Saint-Hilaire-du-Harcouët. L'orthographe moderne du nom de cette famille est devenue Poillé.
(Etat civil de Sourdeval-la-Barre. — Nobilaire Mss. de Pitard, Poilley et Le Moyne. — H. Sauvage. Notice sur St-Hilaire-du-Harcouët, 1871).

Le chapeau étoit magnifique, assorti de pierres précieuses ; la garde de l'épée de pur or enrichi de pierreries.

III.

1574 (8 février). — Etablissement du marché et des foires extraordinaires de Domfront où il n'y avoit auparavant que les six foires : Pâques, Saint-Jean, Langevinne, la Toussaint, sur la Bruyère, et Saint-Anthoine et Saint-Julien dans la ville. Cet établissement se fit par les soins de Jean Bourgoin, bourgeois de Domfront.

JOURNAL

De François de BOISPITARD (1).

DISCOURS véritable de la prinse des chasteau et ville de Domfront advenue par les frères Le Hericé, ditcs Pissots, en 1574.

Or, pour retourner au propos de la prinse des villes, guerres et malheurs qui ont reigné en 1574, fault entendre que plusieurs personnes de ce païs en ont beaucoup souffert, et moi particullièrement pour les causes que je toucheray cy-après pour ce que nostre chasteau et ville de Domfront furent prins des premiers : scavoir ledict chasteau dès la nuict du vendredy 26 febvrier (1574) que René et Ambrois Le Hericé, dicts Pissots, entrèrent dedans par derrière, avec une longue escale qu'ils avoient apprêtée de long temps.

Et estants entrés, trouvèrent messire Pierre Couppel, sieur de la Poulinière (2),

(1) Le Journal de Boispitard est complétement inédit, sauf les deux fragments peu étendus qu'en ont donnés MM. de La Sicotière et de La Ferrière, et quelques passages presque textuels de l'analyse publiée par l'Annuaire de l'Orne de 1876.

(2) Notre texte dit la Poulinière, tandis que l'analyse adopte le nom de la Poussinière. Cette dernière leçon est la

qui avoit accoustumé coucher audict chasteau, dont il avoit les clefs et garde en l'absence du sieur Des Chapelles, cappitaine (1), lequel ils prindrent et enfermèrent de crainte qu'il ne fist bruit ; puis levèrent les ponts sur eulx et demeurèrent ainsy jusqu'au lendemain matin que le peuple et les habitants de la ville apperçeurent lesdicts ponts levés, et nulle response dudict sieur de la Poulinière, qu'ils crièrent en l'appelant par plusieurs fois, qui fut cause que tous les officiers, principaux bourgeois et aultres deslogèrent en extrème dilligence.

Et de ma part, estant avec quelques uns

bonne. La Poussinière se trouve en la commune de la Haute-Chapelle.

Couppel de la Poussinière était le lieutenant du capitaine Des Chapelles (voir précédemment page 59, première partie).

Boispitard donne à ce Couppel le prénom de Pierre, tandis que M. Blanchetière (Publicateur de l'Orne du 10 février 1878, n° 6) l'appelle de celui d'Etienne. Il doit y avoir là une confusion de personnages.

Il nous paraît impossible en effet d'admettre le récit de M. Blanchetière qui affirme que Couppel aurait été assassiné dans le château ; tandis que Boispitard dit lui avoir parlé LUI-MÊME et que ce malheureux officier s'était enfui des mains de ses geôliers sans MANTEAU NI SOULIERS

La présence du capitaine La Touche est également inadmissible dans le château, puisqu'à ce moment la forteresse n'était occupée que par René Le Héricé accompagné d'un soldat seulement. Nous avons d'ailleurs prouvé surabondamment que les frères Le Héricé et les frères La Touche n'étaient que deux mêmes personnages. Jusqu'à preuves contraires, le texte de Boispitard nous paraît digne de créance et nous y avons foi.

Enfin, comme dernière contradiction nous remarquons que l'assassinat de Couppel aurait été exécuté le 16 février 1574, lorsque la surprise du château de Domfront par René Le Héricé eut lieu le 26 du même mois.

(1) Voir notre Notice sur François Des Chapelles, 1re partie, p. 58 et suivantes.

de mes serviteurs et aultres personnes desjà près le bourg de Sainct Front, en intention d'aller audict Domfront à mes affaires des pleds d'héritages, qui devoient tenir ledict jour leur terme, je rencontray plusieurs gens de toute sorte, qui m'asseurèrent que tout vuidoit dudict Domfront à cause de la prinse dudict chasteau, auquel on n'oyoit ny voyoit aucun et ce qui causoit le double de la surprinse d'iceluy estoit les dicts ponts levés et une escale qu'on voyoit dressée contre le boulevert au derrière d'iceluy, qui me donna occasion de poursuivre mon chemin après avoir renvoyé querir des armes à feu et long bois (1).

Et restant et sejournant viron heure et demie en ladicte ville, trouvay maître Pierre Maheet (2), advocat, sieur de la Saussaye, qui m'asseura ne scavoir rien de l'entreprinse ; et en ce qu'il entendit par aucuns que je demandois quels hommes et armes estoient prêts de s'employer avec moi pour

(1) Lances, piques, hallebardes et autres armes de guerre à manches de bois.

(2) Notre texte dit indifféremment Maheet ou Maheel. — Mahée, d'après l'analyse, p. 58 — Mahet-Saussaye (Odolant-Desnos, t. II, p. 298).
Ce personnage, qui paraît avoir été l'un des plus ardents champions de la cause protestante périt le dimanche 23 mai 1574, en défendant le château (voir plus loin). Nous croyons que Boispitard suffira pour redresser l'erreur évidente d'un historien qui tout récemment a donné à La Saussaye un autre nom patronymique. Les Saussayes sont très-nombreuses en Normandie.

scavoir quels hommes estoient séans, en les allant visiter et attaquer de près avec quelques arquebusades, et leur bruler les dicts ponts avec force fagots secs dont il y avoit grand nombre dans ladicte ville, iceluy La Saussaye m'en dissuada à son possible, et aussy qu'il ne se présenta que cinq cents personnes mal armées et affectionnées, qui fut cause que retournay disner en ma maison (1), dont j'estois parti le matin.

Et sur les deux heures après midy, me vindrent plusieurs prier et requérir instamment de retourner, pour les mettre en besongne, et qu'ils estoient à cest effect armés et assemblés pour éxécuter ce que leur dirois. A quoy obéissant volontairement pour le repos des principaux qui y estoient venus, et pour le debvoir du service du Roy, et deffense de la patrie, retournay là et trouvay quelque nombre de gens armés d'arquebuses et longs bois, qui m'asseurèrent d'éxécuter ce que je commanderois, qui fut de fermer et remparer les portes de la ville, ce qui fut promptement dépesché, fors à celle de la Porte Neufve, au bout de la ville, à laquelle le chasteau commande méridionalement (2). Et ne fut possible

---

(1) Cette habitation était à la Barillière, en St-Front.

(2) Caillebotte, dans sa copie, a ajouté en marge les mots suivants : PORTE DU CHATEAU. Cette annotation explique d'après lui l'identité de la Porte du Château et de la Porte

pouvoir faire tenir le verrouil o clef (1), en ce qu'il y avoit du gravier en icelle qui empeschoit la clef de tourner. Néantmoins estant asseurée avec deux gros verrouils, n'en pouvoit venir inconvenient, sinon par la faulte de ceulx de dedans.

Cela faict, fis sortir dix arquebusiers pour la seureté d'un soldat bien armé qui devoit aller attirer la dicte escale par pied, et la oter du tout, à ce qu'il n'entrât par icelle autre secours, et mesme pour veoir quels gens la défenderoient ; ce que lesdicts soldat et arquebusiers exécutèrent bravement. Et y fut tiré de part et d'autre quelques coups d'arquebuses à l'ôtement d'icelle escale. Advenant alors que ledict sieur de La Poulinière se précipita hasardeusement et adroictement par un trou qu'il scavoit audict chasteau, par lequel il se laissa choir sans manteau ni souliers. Et estant parvenu après en ladicte ville, en tel équipage, nous asseura qu'ils estoient deux personnes seulement demeurées à la garde et surprinse dudict chasteau, assavoir ledict René Le Hericé et un soldat, mais qu'ils attendoient

Neuve, qui devaient n'en faire qu'une. Mais il y a erreur de sa part ; c'étaient deux portes parfaitement distinctes. La Porte Neuve dépendait de l'enceinte fortifiée de la ville, tandis que la Porte du Château était l'entrée de la citadelle.

(1) Dans le patois actuel des environs de Domfront et de Mortain, le mot ô employé dans le sens de AVEC est toujours usité : JE VAIS Ô VOUS, pour je vais avec vous.

grands secours promptement, qui fut cause que fis promptement charger et dresser contre la muraille cinq ou six escales, avec advertissement à mes dicts arquebusiers et soldat susdicts qui estoient hors la ville, qu'au premier son de tambourin tous re-redressassent celles qu'ils avoient à terre audict boulevert, et qu'ils montassent à mont icelles comme ferions aussy de nostre costé, à ce qu'ils ne se pussent garder de tant de ruses, et comme telle entreprinse soit hasardeuse et de difficile éxécution, aussy requéroit-elle effect bien premédité, qui fut quelque peu long à résoudre et ordonner ceulx qui s'achemineroient a dresser et monter des premiers. Ce qui estant prest et y allans plusieurs de bonne façon jusque sur le bord du fossey, ou je fus failly d'une arquebusade qui passa au travers d'une pipe vuide qui me servoit de parapet pour aucunement me couvrir à la guide de ceulx qui me suivoient avec quatre escales, que eussions malgré eulx dressées et asseurées pour en faire l'essai, sans que de malheur les femmes de la ville qu'avions mises en garde sur les murailles, firent l'allarme à la Grande Porte, auquel allant et délaissant toute aultre entreprinse, fis cheminer mes dits arquebusiers estant hors le long des murailles d'icelle, jusqu'à ce qu'ils fussent au droict, pour monter sur la Petite Bryère (1), pour découvrir et advertir, même pour tirer sur ceulx qui estoient à la dicte porte, si les commandois le faire, chose qui n'advint, parcequ'il estoit nuict fermée.

Secours survenu a ceulx du dedans du Chasteau.

Et aussitôt que parlant à eulx de sus les murailles dirent que c'estoit M. Despréault (2) et ses gens qui vouloient loger, et a ceste fin avoient prins et emmené avec eulx Julien Gilbert, l'un des principaux marchands et bourgeois de la dicte ville, qui parloit avec nous, et sollicitèrent fort pour leur permettre l'entrée gratieuse, en priant souvent que l'on ne tirât sur eulx, parce qu'ils estoient pour le Roy, d'aultant

---

(1) Le vaste champ de foire de Domfront, fréquemment encore appelé la Brière, occupe une partie des Bruyères qui s'étendaient hors l'enceinte fortifiée de la ville, vers la direction de Champsecret. On les divisait au xvi siècle en Grandes et Petites Bryères. Il n'est plus possible d'en déterminer les véritables limites. D'après le plan cadastral, la portion la plus rétrécie du champ de foire, celle qui domine la TRANCHÉE, conduisant au pont de Godras, et qui est la plus rapprochée de la ville, est désignée sous le nom de Petite-Bruyère.

(2) Il s'agit sans doute ici de l'un des membres de la famille de Scepeaux, née dans la province du Maine, qui tirait son nom du domaine de Scepeaux, situé à Astillé (Mayenne). — Le Clerc de Flécheray, mém. sur le comté de Laval, p. 61. — Le maréchal de Vieilleville, mort en 1571, ap. artenait à cette illustre maison.
Notre Mss. a orthographié Despréault, tandis que l'Analyse, p. 56, a dit Despeaux. Cette version nous parait la bonne; elle est plus conforme aux usages qui divisaient généralement en deux le nom de Speaux.

qu'ils entendoient les soldats susdicts qui estoient sur la dicte Petite Bruyère, qui demandoient souvent s'ils tireroient sur eulx, puisqu'ils ne se vouloient oster de devant la dicte porte, et eulx retirer selon mon advertissement et semonce. Et à la vérité je n'eusse failli à tirer de ma part et et faire tirer sus eulx, ne fut esté que je doubtois deux choses : la première, que ce pouvoit bien estre ledict sieur Despréault, qui est seigneur d'auctorité et vrai catholique ; et secondement, si c'estoient ennemis ils ne failliroient nullement à faire quelque menace ou effort, ou bien tuer ledict Gilbert, croyant qu'on les auroit chargés sans aultres paroles ; et partant, me sembloit meilleur de conserver mon entreprinse, en gardant et pourvoyant bien à tout, que de faire tirer incertainement à l'obscurité de la dicte nuict, laquelle passée, pourions le lendemain mander nos amis de toutes parts, et estre renforcés de secours pour chasser les premiers entrés audict chasteau, qui ne pouvoient estre facilement secourus. Joinct que dès le commencement qu'arrivé à la dicte Grande-Porte (1) pour scavoir qui estoit cause de la

(1) Cette porte donnait sur la route d'Alençon, c'est-à-dire à l'extrémité de la ville opposée au château. Ce doit être celle que nous avons reproduite d'après un dessin à la plume mis par Julien Pitard au frontispice de sa NOTICE sur les Seigneurs de Domfront et publiée par nous en 1869. — Alen-

dicte allarme, j'avois bien pensé au danger de la dicte Porte-Neufve non fermée o clef, et y estois voullu aller garder avec cinq ou six hommes, quand plusieurs personnes de qualité m'en empeschèrent et asseurèrent d'y aller, et que je me reposasse sus eulx. Néantmoins y renvoyay encore aultres personnes sans cesse pour me rapporter qui et quels gens y estoient, et voyant qu'aucun ne revenoit m'en faire certain, et que je m'apperçeus que plusieurs des dicts ennemis alloient au grand trot avec leurs chevaulx par sus le Fosse Pelisson (1), tendant vers icelle, alors je descendis hastivement de sus la muraille de la dicte porte, et commencay à courir à mont la Grande Rue tendant à la dicte Porte Neufve, et en ce que j'estois desjà à plus de mi-chemin d'icelle, j'entendis grand nombre de chevaulx qui galopoient sus le pavé, et

çon, De Broise, br. de 47 pages. — Il nous semble qu'il doit subsister un fragment de la tourelle de défense, placée à gauche de cette porte.

Le plan des envahisseurs qui voulaient pénétrer dans le château était assez habilement combiné. Sachant que la Porte-Neuve ne pouvait être solidement barricadée, ils se présentèrent d'abord à la Grande-Porte, afin d'y attirer aussitôt les hommes décidés à une résistance sérieuse. Ce n'était qu'une feinte pour faire laisser libre la Porte-Neuve Car tandis que l'on semblait se préparer de part et d'autre à une lutte devant la première, quelques-uns des assaillants se hâtaient de gagner furtivement l'autre porte qui leur était ouverte par leurs affiliés, et les secours pénétrèrent ainsi dans la place.

(1) Le Fossé-Pelisson défendait l'approche des remparts du côté du midi de la ville. A la fin du siècle dernier c'était une

faisoient les hommes qui estant dessus grandes exclomotions, disans qu'ils estoient dedans en tirant force pistolades, qui fut cause que j'arrestay ma dicte course pour écouter et apprendre si c'estoient certainement des ennemis. Et voyant qu'ils s'avançoient d'approcher le lieu où j'estois, commençay de pourvoir à ma retraicte, qui fut de gagner sur l'autre part de la muraille de la dicte ville du costé du Pissot (1), ou de fortune le parapet couronné de la muraille estoit abattu dès longtemps. Et après m'estre aidé à la garde de Dieu, me laissay tomber du haut en bas, sans aucunement m'offenser ni blesser. Et après en avoir rendu grâces à Dieu, en dévalant hastivement, puis remontant sur la Grande Bryère, trouvay encore plusieurs desdicts arquebusiers, qui s'attendoient bien à mon advertissement, rentrant en ladicte ville par le même endroict de ma retraicte, par le moyen d'une escale que desjà avois mandé querir et se trouver audict lieu pour cest effect, si Dieu eust permis qu'en eussions

promenade plantée d'ormeaux. Celle-ci a été transformée aujourd'hui en une large rue. — Il commençait non loin de la Grande-Porte pour aboutir à peu de distance de la Porte-Neuve.

(1) Le Pissot, autrement le Bassin, était au N.-E de l'enceinte fortifiée, à l'abri et sous la projection de la belle tour de Godras que nous avons vu mutiler vers 1864. Dans cet endroit une vasque en granit reçoit les eaux d'une source amenée des collines voisines.

eu le loisir de demi-heure seulement. Mais reconnaissans tous ensemble qu'il n'estoit tems d'en déliberer d'advantage, nous retirasmes séans, où ils me reconduisirent, puis s'en allèrent à leur adventure, et de mon costé, ayant diligemment reveillé mes serviteurs demeurés au logis, et pourveu à mes lettres et plus précieuses hardes, montames à cheval mes enfants (1) et moy à l'obscurité de la dicte nuict, et le lendemain le reste suivit à Tessé chez mon cousin (2), duquel lieu avec partie de mon ménage, partimes de compaignie et allames à Vernie (3), puis de là me retiray à Soulgé (4), avec ma belle-mère.

Et tost après fus adverty certainement que les sieurs de Chauvigné-Boisfrout (5),

(1) Boispitard ne parle ici que de ses enfants et de lui-même. Un peu plus loin, il nous dira que sa femme avait été ensevelie dans l'église de Notre-Dame-sur-l'Eau auprès de son beau-père et de sa belle-mère.

(2) Tessé, en la paroisse de St-Fraimbault-sur-Pisse. — On apprend par ce passage que l'oncle de Boispitard, Etienne de la Ferrière, que nous avons mentionné dans notre préambule, aux années 1558 et 1562, était mort en 1574. Le château de Tessé appartenait alors à Jean de la Ferrière, son fils.

(3) Le fief de Vernie était également à Jean de la Ferrière.

(4) Sougé-le-Gannelon (Sarthe).

(5) Roland de Chauvigny, sieur de Boisfrout, tirait son surnom du fief de Boisfront situé à Niort (Mayenne). Il fut gouverneur du château de Lassay durant les premières années du règne de Henri IV. Son frère, Louis de Chauvigny avait été capitaine des gardes de Henri II.

de la Patrière d'Anjou (1), de Montmartin de Bretagne, avec ledict Ambrois Le Hericé-Pissot, et plusieurs aultres depuis, comme les sieurs du Touchet (2) et Say, estoient venus au secours des susdicts et avoient envoyé force soldats piller ma dicte maison abandonnée, ce qu'ils exécutèrent par plusieurs jours.

Pilleries des Fauxbourgs et environs de Domfront.

Et après avoir emporté à charettes de bleds, foins, vins, cildres, lards, beuf de salaison, suifs et cuirs, avec force filasses et ustensiles de ménage, ruinèrent et dispersèrent le demeurant à qui en vouloit ; après avoir brisé mon ménage de bois et vitres de ma dicte maison (3), menacèrent après de la brûler, comme ils firent tous les fauxbourgs de la dicte ville, avec la maison de René Louvel-Bryère, celle de la Renau-

(1) D'après Le Clerc de Flecheray (description du comté de Laval, p. 59), la Patrière était une terre du comté de Laval appartenant à la famille Lenfant, qui possédait en outre Tubœuf, Lignères, Le Brossay, etc etc. - La Patrière serait-il dès lors le Du Brossay Saint-Gravey des autres relations ? (Odolant-Desnos, t. 2, p. 295. — Louis Dubois p. 261, etc., etc.) Nous pourrions le supposer.

(2) Ce personnage est trop connu pour que nous parlions ici de lui. Il tenta de s'emparer par surprise du Mont-Saint-Michel, le 22 septembre 1577 et tous les historiens ont raconté ses tristes exploits.

(3) Evidemment la Barillière.

dière, Gué-Thibout, les Jugeries, appartenant au sieur Procureur du Roy, et toute la Maffardière, avec plusieurs aultres insolences et dépopulations qu'ils firent aux dictes maisons, arbres et environs de la dicte ville, où ils séjournèrent trop long temps, et non toutes fois tant qu'ils espéroient, n'obmettant nullement de dire souvent à mes gens, métayers et voisins, qu'ils contraignoient charroyer en la dicte ville mes dicts hardes et biens, qu'ils estoient bien faschés qu'ils ne me tenoient ou avoient peu prendre pour me traiter à leurs souhaits, de quoy mon Seigneur me préserva de sa grâce spéciale, et permit que les mêmes auteurs de ces malheurs tombèrent en ma puissance comme coupables de tout le mal faict, à sçavoir les dicts Le Hericé-Pissots qui avoient dressé l'effect de la dicte surprinse, laquelle n'eust eu succès à leur dévôtion, si ceulx qui m'avoient juré et asseuré garder soigneusement la dicte Porte-Neufve ne se fussent effrayés et pour eulx mettre hors de danger, ouvert la dicte Porte-Neufve, comme ils firent malheureusement et provisoirement pour eulx soumettre à mon déçeu et encore laisser la Porte toute ouverte sus moy, par laquelle les ennemis entrèrent, la trouvèrent ainsy abandonnée et en voyant et oyant plusieurs qui sortirent par icelle et eulx sauvoient à la course.

La surprinse des ville de Sainct-Lo et Quaranthan (1).

La seconde et tierce ville qui fut prinse après Domfront fut Sainct-Lo et Quaranthan que les Sieurs de Coulombières (2) et Guytry (3) prinrent au commencement du mois de mars ensuivant. Avec ce firent descendre en terre le Comte de Montgommery et le sieur de Lorge, son fils aisné, qui à la suite des noces de Paris (4) s'estoient sauvés et retirés en Angleterre et de là ès Isles de Gersay ou Gernezay, lesquels avec les aultres séditieux estoient très aises d'avoir occasion de terminer leurs massacres et pilleries par la France, et spécialement en la Normandye et costes de la mer, qu'ils connoissoient de tout temps, pour auxquels donner assistement et faveur à la dicte des-

(1) Carentan (Manche).

(2) François de Briqueville, baron de Colombières, périt sur la brèche, en défendant Saint-Lô, le 10 juin 1574.

(3) Jean de Chaumont, sieur de Guytry, que l'on avait cru d'abord enfermé à Domfront avec Montgommery, d'après les dépêches de Charles IX (VIII, p. 31), n'avait pas quitté Carentan. Il se rendit le 28 juin 1574, et la reine Catherine de Médicis lui fit grâce.

(4) C'est quelques jours après les noces du roi de Navarre qu'eut lieu la St-Barthélemy.

cente, et accompagner à la campagne et aux villes surprinses, se bougèrent dudict Domfront les susdicts Sieurs du Touchet et Say (1), Chauvigné, Montmartin, Patrière, le Vicomte dudict Domfront, Cormier, son cousin. Galois Cormier (2), Ambrois Racine (3) et plusieurs aultres de telle façon, lesquels estant joints avec ledict comte et ses aultres forces, findrent contenance de camp et assiégèrent Valognes, qu'ils battirent avec quelque canon, et y firent plusieurs menaces et escarmouches en vain, parcequ'il y avoit des gentils hommes et officiers et bourgeois d'icelle, qui ne s'estonnèrent nullement et la gardèrent si bien, que les assiégeants s'en retirèrent avec confusion, y ayant despensé (4) trois sepmaines ou un bon mois, qui leur retorqua à grande ruine, obstant que M. de Matignon, lieutenant pour le Roy, et gouverneur des bailliages d'Alençon et Costentin,

(1) René de Frotté, fils de Jean, sieur de Say. (Le Hardy, Hist. du Protestantisme en Normandie, p. 264).

(2) M. Blanchetière (Publicateur de l'Orne 1878) a fourni de nombreux renseignements sur cette famille.

(3) Ce Racine appartenait à une famille notable de la bourgeoisie de Domfront. En 1592, Julien Racine tenait les pleds de la baronnie de Larchamp. Jean Racine, en la même année, était avocat. Caillebotte, p. 82, a mentionné un chanteur remarquable J. C. Racine, né en 1751 et mort à Domfront en 1807.

(4) Notre texte disait DÉFENDU. Ce doit être une faute de copiste. Le mot dépensé nous semble beaucoup plus correct.

avec M. de Vassé (1) et Fervacques, et huict ou neuf compaignies de gendarmerie et grand nombre d'infanterie Françoise, allèrent trouver et combattre ledict comte de Montgommery, ès ports (2) du Grand et Petit Vé (3), qu'il pensoit garder soigneusement. Mais il fut forcé de quicter dès l'abordée de nos dictes compaignies qui y firent un grand et général debvoir en mettant ledict comte en déroute, parceque nostre cavalerie estant passée de l'aultre costé desdicts gués, se mit à charger et poursuivre la victoire furieusement, qui contraignit ledict comte soy retirer en toute dilligence dans ledict Sainct Lo, où les dictes compaignies l'assiégèrent et battirent furieusement.

Néantmoins, à l'obscurité d'une nuict et par l'intelligence d'aulcuns des nôtres, il s'eschappa dudict siège avec cinquante un, ès chevaulx desquels estoient les sus dicts gentils hommes, et après avoir bien piqué et tournoyé, ne scachant ou fuir ni se retirer, craignant la poursuite, finalement se logèrent et reposèrent quelque peu en la

---

(1) Grognet de Vassé était d'une excellente famille du Maine (Cauvin, armor. p. 110). C'était un des plus notables officiers de l'armée royale ; il était, parait-il, le parent de Montgommery.

(2) Port, passage, défilé.

(3) Les marais des Vés sont situés dans le Cotentin, à l'embouchure de la Vire.

maison du sieur de Brecé, près Avranches (1), et se saisirent des circonstances de sa maison, parceque combien qu'autre fois il eût adheré à leur prétendue religion, néantmoins s'estoit singulièrement contenu sans les suivre, ni prêter aultre faveur. Et est le bruict fort grand qu'il s'acquita fort bien de son debvoir, en advertissant du tout Monsieur de Matignon (2), qui estoit en extrême peine, souci, noir deshonneur, jaçoit qu'à tort, dudict eschappement, parceque le Roy en estant adverty manda, comme l'on dict, des nouvelles de colère et grand importance, chose qui fist haster mondict seigneur de Matignon, avec grande compai-

(1) Nous sommes un peu embarrassé pour déterminer quel peut être le logis dont Boispitard veut parler. Est-ce du château d'Isigny-les-Bois? est-ce du château de Brecey? tous deux sont également près d'Avranches.
Le premier faisait alors partie du domaine de Jean de Brecey, chevalier (1564-1583, Pitard, nobiliaire Mss. du comté de Mortain).
Le second était à Louis de Vassy, seigneur de Brecey, qui avait épousé le 15 mars 1571, Françoise Damfernet, fille de Jacques, Baron de Montchauvel, Brecey, Celland, etc. Leur fils, Jacques de Vassy, épousa Louise de Montgommery, le 26 juin 1614 (Pitard, nob. Mss. id. id.) Cette alliance, qui est de beaucoup postérieure aux faits que nous étudions, nous autorise à penser qu'il s'agit plutôt ici du château d'Isigny.
Il paraît, du reste, que de Brecey était l'un des gendres de Gabriel de Montgommery. Depuis peu de temps, il avait fait retour à la religion catholique.

(2) Une relation du temps confirme ce que rapporte de Boispitard, que de Brecey avertit Matignon de la marche qu'avait suivie Montgommery. (Odolant-Desnos, hist. d'Alençon, t. 2, p. 294).
Il est vrai de rappeler aussi que cet auteur connaissait le Manuscrit du Journal de Boispitard.

gnie de cavalerie, de partir du dict siège de Sainct-Lo.

Et en faisant une grande cavalcade arriva le dimanche neuf may devant nostre ville de Domfront, ou ledict comte et Say (1) estoient arrivés le vendredy précédent (2), fort déhallés et harassés, tellement qu'il faisoit son compte se rafraichir quelques jours audict lieu, puis de là s'en aller à Alençon, qu'aulcuns des voisins de la dicte ville auroient aussy surprins, en entrant premièrement au chasteau la nuict du samedy ; et lequel ils n'osèrent garder ny tenir que vingt quatre heures, scachant que ledict Montgommery estoit en impossible d'aller à eulx, à raison dudict siège qui l'avoit surprins à l'improviste en tel lieu, où il ne pensoit estre poursuivy ny attaqué, comme il fut, par la surge (3) et advis et diligences que firent lesdictes compaignies de cavalerie de mondict Sieur de Matignon qui avoit laissé le canon et munitions avec les compaignies d'infanterie poursuivant tousjours ledict siège de Sainct Lo, où com-

(1) Seze, dans notre Mss. Nous pensons qu'il s'agit ici du personnage déjà mentionné quelques lignes plus haut.

(2) Nous avons déjà dit p. 50 que ce fut le 7 mai que Montgommery arriva à Domfront. D'autres relations indiquent la date du 8 mai (Odolant-Desnos, t. 2, p. 293). Nous croyons Boispiard fort exact.

(3) Surge, du mot latin SURGERE. Il est complétement inusité aujourd'hui.

mandoit dedans ledict Sieur de Coulombières, et dans ledict Quaranthan estoit demeuré ledict Sieur de Lorges, parcequ'il avoit esté blessé d'une pistolade en un genouil, aux dicts ports du Vé, qui fust cause qu'il ne suyvit son père pour demeurer enfermé en nostre dict Domfront.

Suite du discours véritable des Frères Le Hericé, dedans le chasteau de Domfront.

Puisque j'en ay déjà si longuement escript, ne fault obmettre à dire que les dicts Pissots frères, avec m[e] Pierre Le Hericé (1) et son fils, leur cousin Jean Racine et telle canaille, estoient demeurés en auctorité et commandement audict Domfront, dont le dict Ambrois appelé Le Balafré, se disoit chef, cappitaine et gouverneur, voire même Roy, parcequ'il controignoit tout le païs de luy obéir et porter les deniers des tailles, impôts et subsides ordinaires avec les deniers ordinaires de la recepte, et cotisant les particuliers à luy fournir hommes pour travailler à démolir et fortifier, avec bleds, foins, lards, cildres et aultres provisions, dont il avoit fort muny ledict chasteau, et de tous les vins qu'il avoit trouvé en ladicte

(1) Caillebotte a ajouté en interligne, dans sa copie, la qualification de « Procureur du Roy. »

ville et nos maisons; tellement qu'ils s'attendoient d'estre permanents ès dicts chasteau et ville.

Comme viron la mi-caresme ils eurent quelque doubte d'estre assaillis par un nouveau cappitaine envoyé par M. de Matignon, nommé La Chaux (1), lequel avec l'assistance de plusieurs de ceste vicomté, firent

(1) Michel de Montreul était seigneur De La Chaux et baron de Torants. Sa femme, Françoise de Mondot, lui avait apporté en mariage les fiefs de Mondot, des Vignes de Saint-Denis-d'Anjou, de Veaugeois, du Bois-Hamelin, de Melleray, de Neuilly-le-Vendin, etc., etc. (Le Paige, dict. du Maine).

Ce gentilhomme, connu vulgairement sous le nom de CAPITAINE LA CHAUX, se signala dans les guerres de religion de la deuxième moitié du xvie siècle.

Il reçut de Matignon l'ordre de lever cent hommes de pied, des plus aguerris, pour réprimer les brigandages des Calvinistes enfermés dans le château de Domfront. C'était une force insuffisante; aussi dut-il se retirer. (D. Piolin, hist. ecclés. du Mans, t. 5, p. 508).

Plus tard, il fut chevalier de l'ordre du roi et devint gouverneur du château de Cherbourg et grand bailli d'épée du Cotentin.

Au temps qu'il était gouverneur de Cherbourg, ayant découvert que les ligueurs avaient formé le dessein de s'emparer de cette forteresse, pendant la procession du jour des Rameaux de l'année 1593, il prit les mesures les plus énergiques pour empêcher la réussite de ce projet. Il y parvint si bien qu'il les tailla en pièces, fit leurs chefs prisonniers et les fit décapiter. Leurs têtes furent ensuite placées par ses ordres sur les portes de la ville où on les voyait encore à la fin de l'année 1600, sept ans après. En mémoire de cette délivrance, on a fait pendant longtemps, autour de la ville et du château de Cherbourg, une procession qui se nommait la Procession de La Chaux.

Le 26 avril suivant, le roi Henri IV écrivit à Michel de Montreul, pour le louer et lui témoigner sa satisfaction.

Par brevet du 31 janvier 1594, ce souverain lui donna une gratification de 12000 livres pour le récompenser des dépenses qu'il avait faites pour son service, et entre autres, pour l'armement de trois navires et la levée de cent arquebusiers destinés à la défense de Cherbourg.

En 1604, il lui accorda encore le gouvernement de la ville

semblant de les assiéger et escarmoucher de près, en occupant les avenues des Ponts Nostre-Dame-sur-l'Eau et Caen, et jusqu'à se loger quelques uns en la maison dudict Louvel-Brière et ès faulxbourgs qu'ils n'osèrent garder une seule nuict, qui fust cause qu'au lendemain le tout fust brulé avec grandes désollation et effroy par tout le païs.

Les eglises et bourgs de Chansegrey, Dompierre (1) et Ceaulcé brulées et ruinées.

Parceque aussy du précédent les églises

et du château de Saint-Sauveur-le-Vicomte. (Anciens titres du château de Vaugeois. — Lepaige, dict. du Maine, v° Neuilly-le-Vendin.

Nous avons retrouvé le capitaine La Chaux, en 1595, chez le comte de Sanzay, au château de la Motte-Fouqué, où il alla faire visite et où il séjourna pendant quelque temps avec sa jeune femme Françoise de Mondot. Ils y rencontrèrent quelques seigneurs des environs, Claude d'Arquennai, châtelain de Hauteville, et Jacques de Crux, le nouveau possesseur de l'abbaye de Belle-Etoile. (Comte de la Ferrière. Journal de la comtesse de Sanzay, p. 35).

Michel de Montreul mourut à son château de Vaugeois, le 20 juin 1620, vers minuit. Il fut inhumé dans l'église de Neuilly-le-Vendin, où il doit reposer encore. Un service fut célébré pour lui l'année suivante dans ce même édifice, le 29 septembre, jour Saint-Michel. A cette cérémonie, l'on exposa son portrait et ses armoiries. Une ceinture funèbre fut placée autour du temple chrétien. (Etat civil de Neuilly-le-Vendin.)

Ses armoiries étaient, d'après le Manuscrit 439, du fonds du cabinet historique de la bibliothèque nationale, contenant la réforme officielle de la noblesse du Maine par Voysin de la Noiraye :

D'argent à trois massacres de cerf de sable. C'est donc à tort que Cauvin (Armorial du diocèse du Mans, v° Montreul) lui en a donné d'autres d'après le Roy d'armes.

(1) Notre texte porte « les églises de Chantrigné et Dam-

et bourgs de Chansegrey et Dompierre avaient esté aussy ruinées et brulées par le commandement desdicts Pissots, lesquels se trouvèrent oultragés dudict cappitaine La Chaux et peuple, ainsy amassé et irrité, qui ne persévéra que deux ou trois jours en ceste volonté, parcequ'ils estoient de diverses pensées et humeur, et aussy que le cappitaine Guychaumont (1) vint secourir lesdicts Pissots, qui pour se venger de ceulx de Ceaulcé, qui avoient assisté au pretendu assiegement et fourny bon nombre d'hommes embastonnés et de vivres, allèrent au bourg dudict lieu, où ils firent de grands oultrages et brulèrent l'église.

Et cela faict, allèrent nuictament à Saincte-Anne-de-Buais (2) où ils surprinrent la compaignie dudict cappitaine La

pierre » tandis que l'analyse, p. 57, donne la leçon que nous avons suivie. Notre copiste avait évidemment commis une faute que nous tenons à réparer. Il avait également orthographié Sausay, mais la même analyse a indiqué plus exactement Céaucé, gros bourg du canton de Domfront.

(1) Jacques de Clairay-Guichaumont, puiné de la maison de Clairay, était l'un des lieutenants de la compagnie de Montgommery (Odolant-Desnos, hist. d'Alençon, t. 2, p. 293).
Quelques pages plus loin Boispitard orthographie ce nom « ledict Chaumont » et « Guy Chaumont » comme si Chaumont était le nom patronymique et celui de Guy un prénom. L'autorité d'Odolant-Desnos doit inspirer toute confiance. La carte de l'Etat-Major indique un grand village nommé Guichaumont, dans la commune de Clérai, canton de Séez.

(2) La copie du Journal disait Sainte-Anne-de-Brai, et l'analyse, p. 57, orthographiait Buais. Encore une faute de transcription qu'il nous est facile de rectifier. Buais est du canton du Teilleul (Manche).

Chaux qui vivoit à discrétion par le païs, avec plusieurs soldats ramassés de toutes parts à la conduite du Sieur de Coudehar, lieutenant de la dicte compaignie, lequel ils prinrent à composition de bonne guerre et vie saulve, comme ils avoient aussy juré et promis à quatre jeunes soldats de Domfront, suivant ladicte compaignie, dont l'ung estoit Mathurin Levesque, fils de Jean, Samson Patte (1), Julien Louvet et Touchard, cordonnier, avec plusieurs aultres qu'ils massacrèrent de froid sang (2).

Après avoir mis en chemise ledict sieur de Coudehar et attaché à un arbre, l'arquebusèrent. Puis cela éxécuté, s'en retournèrent audict Domfront avec la dépouille de leur defaicte. Et trouvèrent un messager de Bretagne, retournant de Paris avec cinq à six chevaulx, qu'ils ravagèrent, et eulx vantant à leur retour qu'ils avoient defaict toute l'infanterie de Domfront, qui estoit le terme de leur mocquerie.

Querelle survenue entre les gens desdicts Pissots pour le partage de leur butin.

Combien qu'au département du dict bu-

---

(1) Le nom Patte est peut-être une mauvaise lecture et une faute du transcripteur. Ce devrait être plutôt Peccate, nom fort répandu dans la contrée de Domfront.

(2) Aujourd'hui nous dirions massacré de sang-froid.

tin et larcin peu s'en fallut qu'il n'y eust du débat entre ledict Guy Chaumont et lesdicts Pissots avec leurs soldats ligués de chaque part ; d'aultant que ledict Balafré se disoit maitre et gouverneur de la place, et en ceste qualité vouloit distribuer dudict butin à son plaisir et entente, et l'aultre disoit qu'il ne le congnoissoit que pour simple soldat et impuissant de tenir la place sans luy et ses gens, qui auroient éxécuté ladicte deffaicte, qui fust cause que ledict Chaumont se retira mal content.

Arrivée de Montgommery a Domfront, le 7 May.

Et à l'après disner de l'arrivée dudict comte de Montgommery et des gentilhommes susdicts de sa suite et compaignie qui fust le vendredy sept may, comme j'ay touché cy-devant, ledict cappitaine Balafré n'ayant daigné monter à cheval pour aller au devant dudict comte, ny mesme pas voulu sortir seulement pas à pied hors de la ville, l'attendit à la porte avec ses soldats.

Et après le bonjour, demanda audict comte s'il vouloit se loger dans son chasteau, ce qu'il refusa disant qu'une maison de la ville luy suffisoit (1).

(1) Nous verrons plus loin que Montgommery fit effectivement choix de la maison du lieutenant Des Moncelles.

Et après avoir entendu les fanfaronnades et superbités dudict galant lui fist demander par ledict sieur de la Patrière du fouin et de l'avoine pour les chevaulx de luy et de sa trouppe, ce que ledict Balafré n'accorda, et dit qu'on n'en bailloit pas ainsy légèrement sans argent et qu'il ne recongnoissoit aulcun seigneur en la dicte place que luy, qui luy appartenoit l'ayant conquise et gardée ; qui fust cause d'animer ledict sieur de la Patrière, qui le chargea à l'instant de coups d'espée.

La mort malheureuse de Ambrois Le Hericé, dict le cappitaine Balafré, qui se disoit Roy et maitre de Domfront.

Et l'aultre les pensant éviter recula pour se défendre et trouva vers luy une pierre assez grosse qui le fist tomber de renverse. Ayant desjà reçeu un coup d'espée sur le bras, et estant bas, luy fust redoublé une mocade (1) qui luy entra fort avant dans le petit ventre, duquel sortaient ses boyaulx, dont mal secouru, il décéda la nuict subséquente.

Il fust le lendemain porté en l'église Nostre-Dame-sur-l'Eau pour l'enterrer,

---

(1) Mocade, coup de pointe d'épée, à proprement parler un coup de manche de fleuret.

comme il fust par permission divine, au chœur et chanceau de ladicte église, et au mesme lieu que feu mon père avoit esté inhumé, où il ne reposa que jusqu'au mercredy prochain subséquent.

Son corps enterré dans le chœur et chauceau de l'église Nostre-Dame-sur-l'Eau est pendu (1).

Parce qu'estant retourné habiter ma maison, à la seureté dudict siège posé dès le dimanche lendemain dudict enterrement, comme j'ay predict, après avoir faict la vénérance à mon dict sieur de Matignon, et prins licence de luy de faire déterrer et pendre ledict Balafré, ce qui fust éxécuté promptement ledict jour à ma diligence en la présence d'une infinité de soldats et commun peuple, auquel je l'aurois délaissé trainer avec un licol, attaché à son col, pour le tirer de la dicte fosse où son cercueil demeura, n'en désirant que le corps pour le faire pendre comme il fust dès le mesme soir au derrière dudict chasteau, sur le Tertre, où il séjourna dix ou douze jours à leur vue et d'un chascun, chose qui leur deplaisoit merveilleusement, comme demonstroient en laschant une infinité d'arquebusades à ceulx qui sans cesse l'alloient

---

(1) Ce chapitre tout entier a été publié par M. de la Sicotière (Orne pittoresque et monumentale, p. 126 et 127).

visiter et leur crier que leur Roy et cappitaine estoit pendu tout nud ; auquel lieu il fust consommé, y estant dignement attaché, n'eust esté qu'on assit les gabions pour ranger en batterie cinq pièces de grosse artillerie, dont on battit et fist les bresches audict chasteau, qui fust cause de le faire abbattre et jetter aux chiens, qui le mangèrent, parceque les canonniers et aultres personnes ne pouvoient souffrir ceste charogne et puanteur qui de son vivant n'auroit pas mérité d'estre consommé en lieu tant digne et sacré où j'attends que Dieu me fera la grâce de reposer avec mondict père et prédécesseur après qu'il m'aura appelé à l'aultre vie plus généreuse ; c'est pourquoy j'ay dict que la charogne dudict égoulé (1) Pissot avoit esté enterrée en tel endroict de remarque par ordonnance divine, afin de me susciter l'esprit de volonté de ne souffrir telle indignité et injure sans y pourvoir hardiment et promptement, comme il me donnoit grâce et moyen de faire avant plus grande putréfaction et pourriture, qui néantmoins, ne m'eust retardé, fust-ce esté à un an de là, voire deux, à faire ouverture du mesme lieu, pour trouver le bois du cercueil, où il gissoit,

(1) Plus loin, Boispitard reproduit encore cette expression d'égoulé. Elle doit-être le synonyme de Balafré, et, dans le langage populaire, qu'il emploie quelquefois, égoulé veut dire blessé à la bouche, à la GUEULE, ou mieux encore à la goule.

afin de retirer le tout ensemble et le faire jetter à val l'eau, chose qui luy fust retorquée à moindre vitupère et ignominie que d'avoir esté pendu et exposé en spectacle public devant ses amis et compaignons tout récent et entier pour estre visité par merveille de ceulx qui ne l'auroient tant veu ny conneu qu'au bruict de ses voleries et sacrilèges, et pour estre recongneu en tel lieu par tous ceulx du païs et voisins, tous lesquels en tant que les simples soldats et populace, luy ruoient mottes, pierres, fanges et tout ce qu'ils pouvoient à la fasce et au corps, en détestation et vitupère du mal dont il avoit esté cause et motif de son vivant, en préférant plusieurs malédictions et anathématisations contre l'heure de la nativité et nourriture de luy et son frère René, encore vivant, et sa mère qui les avoit élevés et nourris, ce que je récite tout exprès, non pour allonger ou brouiller papier, mais pour advertir que c'est l'ordinaire de l'humaine condition, soy délecter en la peine et bienfait d'aultruy, en dévorant et avalant gracieusement les viandes prestes, mais d'y penser ou s'en soucier (aultrement que par désir et souhaict), il n'en est point de nouvelles, comme le premier mort desdicts Pissots eust porté tesmoignage, si Dieu eust permis qu'ils eust esté ensepulturé en aultre endroict de ladicte église, y eust séjourné perpétuellement pour la tardité et négligence des personnes dont les aulcuns n'eussent voulu, aultres osé pour plusieurs considérations que l'on consulte et dispute; en quoy la diversité ou pluralité ne voldroit jamais accorder ny consentir résolument, comme Dieu m'est tesmoing que je dis et escrips sans jactance, l'ayant pensé et éxécuté de ma seule résolution par la grâce de Dieu qui m'y a conforté et de quoy aussy je me fusse facilement passé, n'ayant intérest si non les sépultures de mes père et mère et femme gisants en ladicte église, en honneur desquels suis obligé d'adviser et soigner de mon vivant pour le debvoir d'amitié et défiliation dont je leur suis obligé et redevable.

Discours du siège commencé le 9 may 1574.

Après doncque avois expédié ce vénérable cappitaine égoulé en évantant ses actions et personne selon ses plus dignes mérites, reste pour la conclusion à déclarer ce que ledict comte de Montgommery et les aultres assiégés avec luy ont tenté et hasardé pour se dépètrer d'iceluy; en quoy, grâces à Dieu, ils ont travaillé en vain, parceque l'heure de leur prinse et honteuse fin estoit venue. S'estant autrefois ledict comte sauvé et eschappé par deux diverses fois des deux meilleures villes de ce royaulme, comme il me semble avoir descript cy devant, faisant mention du siège, assault et prinse de Rouen en 1562, qu'il se sauva brusquement par eau en une galère qui fist merveille de rompre chaines de fer et embusches estant au travers de la rivière de Seine (1), et la seconde fois à la retraite par terre des dictes nopces de Paris (2), dont il n'eut que la frayeur d'une aspre poursuite, de laquelle son esprit familier diabolique le sauva par la course et grande dilligence de sa jument, selon que j'ai dict sous l'an 1572.

Le diable est père du mensonge et d'orgueil ; c'est pourquoy il trompe enfin ceulx qui s'y confient.

Mais à ceste heure estant entre les pierres et rochers pensoit encore que ledict esprit lui ainderoit en le délivrant dudict siège, en le faisant secourir en iceluy, selon qu'on a dict depuis qu'il luy promettoit.

Quoy qu'il en soit, si de ce temps il a esté malheureux que de s'ainder et confier en ce diable, il l'a laissé tout le temps du-

---

(1) Tous ces détails rappelés par notre auteur, nous font plus que jamais regretter la perte du Mss. complet de Boispitard.

(2) Boispitard fait allusion au massacre de la Saint-Barthélemy (24 août 1572), qui eut lieu quelques jours seulement après la célébration du mariage de Henri, roi de Navarre, avec Marguerite de Valois.

dict siège, parceque dès au précèdant la venue de luy, comme viron heure et demye devant, M⁰ Pierre Mahet Saussaye, ayant couché en sa maison au village (1), le vint diligemment advertir que les compaignies du Roy estoient le jour précédent arrivées à Mortaing (2), sans scavoir aultrement où ils vouloient aller de là, sinon que l'on espéroit plutôt qu'aultrement que c'estoit

(1) Nous complétons notre première note (page 101 note 2).

Le fief de la Saussaye, d'après toutes les probabilités, devait être situé dans le Passais, quoique nous en ignorions la paroisse.

L'une des branches de la famille Maheet, dont le nom s'orthographie également Mahiet et même Mahé, tomba en quenouille, en la personne de Dⁿ Marguerite Mahet de la Saussaye, veuve de Mss. Pierre Ruault de la Veydière, dont elle fit dresser l'inventaire mobilier, en 1616, à raison de la tutelle de leurs enfants mineurs (titres originaux communiqués). Leur petit-fils, Pierre-Brice Ruault, écuyer, maréchal des logis des gardes du corps de Gaston, duc d'Orléans, frère du Roi Louis XIV, figure dans l'Etat de la France (Paris 1680, p. 482), avec le titre de sieur de la Saussaye-Vaidière.

Enfin Pierre-Marc Ruault, écuyer, capitaine de cavalerie au régiment de Luc, est inscrit sous la même qualité de sieur de la Saussaye-Vaidière, à l'armorial général de d'Hozier (Bibliot. nationale, t. XIX lig. 1re, 245). On peut, au surplus, consulter pour les Maheet le 4ᵉ vol. manuscrit des aveux de la vicomté de Domfront, p. 584, 585, 410, et 421. Cette collection précieuse se trouve à la Bibliothèque de la ville de Domfront.

Les Mahé ont été aussi seigneurs de Saint-Symphorien et de Moulines, dans le comté de Mortain (Pitard, nobiliaire Mss. de Mortain).

Leurs armoiries étaient : d'argent à la croix gironnée de gueules (La Chesnaye des Bois, armor. général) On les décrit plus correctement dans ces termes : gironné d'argent et de gueules. — Celles des Ruault étaient d'azur à trois pals d'or.

Nous avions déjà signalé une erreur grave à propos de Mahet de la Saussaye qu'on avait voulu transformer en le Hardy de la Saussaye M. du Plessis, conseiller à la Cour de Caen, a bien voulu confirmer nos propres observations et nous communiquer quelques renseignements précieux et indiscutables : nous tenons à lui en exprimer notre plus vive reconnaissance.

(2) Mortain, ville du département de la Manche.

pour le venir surprendre et assiéger audict Domfront ; qui fut cause qu'il commanda envoyer cinq des meilleurs et plus diligents pour battre l'estrade des chemins dudict Mortaing, afin de lui en faire rapport certain. Ce que estant depesché, se lève du lict où il estoit encore en la maison du feu Lieutenant Des Moulins (1), et comme il achevoit de s'habiller, luy fut redoublé aultre advertissement desdictes compaignies qui marchoient diligemment, et en estoient les chemins fort pleins, entre ledict Mortaing et Domfront (2). A quoy il dist qu'il alloit depescher promptement aultres quatre courreurs de cheval après les cinq premiers et qu'il ne pourroit faillir d'en retourner quelques-ungs qui les advertiroient fidellement, et cependant que chacun d'eulx se préparât pour monter à cheval, tout aussitost qu'ils auroient l'advertissement d'ung de leurs courreurs ; attendant quoy il falloit disner hastivement eulx et leurs chevaulx, chose qui estoit ordonnée en bon et grand cappitaine qui ne vouloit desloger pour un bruit léger, où il ne convenoit

(1) Nous devons nous rappeler que Montgommery avait refusé à Ambroise Le Herissé de loger dans le château et qu'il avait préféré une maison dans la ville de Domfront. Il fit choix de celle du lieutenant Des Moulins et non des Moncelles comme on l'a dit précédemment (page 122, note (1), qui a probablement été détruite.

(2) La distance entre ces deux villes doit être d'environ 26 kilomètres.

ajouter foy légèrement sans estre bien asseuré par le moyen ou dilligence d'ung ou de tous les courreurs, auxquels le désastre fut si grand que tous neuf y demeurèrent morts ou prinsonniers, moyen suffisant pour les empescher de retourner audict Domfront, où tous les dicts attendants advançoient leur disner et affaires en telles dilligences qu'ont accoutumé guerriers estant constitués en grande allarme ; laquelle augmenta quelque peu, lorsqu'estant au milieu de leur disner, leurs sentinelles advertirent qu'ils avoient descouvert grand nombre de cavalerie qui passoit sur le pont Nostre-Dame-de-sus-l'Eau et par sus le Tertre (1), au derrière du chasteau, laquelle marchoit au grand trot ; lesquels on ne pouvoit encore congnoistre, ny leurs enseignes ou livrées, jusques à ce qu'ils fussent approchés plus près, comme ils firent incontinent, eulx rangeant en bataille, comme ils arrivoient sus ces avenues et passages de la dicte ville, qui fut recongnue en ung instant de la cavalerie. Dont ung qui recongnoissoit appertement les enseignes et croix blanches, qui asseura, ce qu'ils avoient pensé, que les dictes compaignies estants audict Mortaing pouvaient bien estre ledict Sieur de Lorges, son fils,

---

(1) Vulgairement le Tertre-Grisière.

et ses trouppes qui le venoient trouver; dont se trouva déçeu après qu'il, et plusieurs avec luy, eurent monté et tournoyé la muraille pour recongnoistre le tout. Ce qui faict, fut résolu de hasarder une sortie sur les cinq ou six heures du soir pour, en chargeant ceulx de la garde de la Roche-Saint-Vincent et après les avoir enfoncés et rompus, mettre en peine (1) eulx saulver à toute bride dans la forest d'Andaine prochaine, pour eulx défiler deux à deux après, à ce que les gens du Roy poursuivans ne les pussent atteindre à la congnoissance du trac et piste de leurs chevaulx en trouppe. Et de la part dudict comte, il demeureroit avec cinq ou six chevaulx, dont seroit ledict Saussaye et aultres du païs, qui scavoient les adresses pour le guider à l'à-main (2) par le Mont-Margantin (3) pour de là s'eschapper par les chemins moins fréquentés, et gagner audict Alençon, où ils se debvoient rassembler si la fortune leur succédoit bien et comme ils espéroient. Et estimant que leurs chevaulx estoient séjournés

(1) C'est-à-dire s'empresser.

(2) A l'à-main. TOUT A LEUR AISE. On dit encore dans le pays : « Cet outil est bien à mon à-main » pour dire que l'on s'en sert avec facilité, qu'il va bien à la main.

(3) Le Mont-Margantin est situé au midi de la ville de Domfront. Son isolement au milieu d'une immense plaine le font paraître plus élevé qu'il ne l'est réellement. On le voit de fort loin.

et rafraischis, et ceulx de leurs ennemis fort travaillés et harrassés, qu'ils leur feroient la dicte charge à la mode des Reïstres Allemands, en galoppant fort serrés, en attaquant leurs dicts ennemis avec force pistolades, quelle furie ils n'oseroient ou pourroient soustenir, parcequ'ils seroient peu en la dicte garde ; d'aultant que chascun seroit à souper et à s'accommoder de logis, à l'heure de leur sortie, qu'ils tenteroient.

Et demeura ledict comte avec ses sus dicts chevaulx de sa partie (1) relaisés au couvert dans le fossé et chemin d'entre les murailles de la ville et la petite Brière (2), d'où on ne le pouvoit veoir. Et il attendoit ce que ceulx qui estoient demeurés sus les dictes murailles luy diroient du succès de la dicte charge, afin que s'ils passoient d'adventure et s'ils estoient poursuivis, à la clameur de l'alarme, il executât son dessein, en passant librement par la garde d'entre nostre Dame, Bayette, ou Sainct-Front (3),

(1) Notre texte dit DE SA PARTIE. On nous a proposé cependant de lire ET LA PATRIÈRE. Il eût été effectivement fort possible que Montgommery l'eût choisi pour l'un de ses compagnons. Mais nous faisons observer que l'expression DE SA PARTIE, DE SA SUITE, est fort ancienne et qu'elle se retrouve dans un grand nombre d'auteurs contemporains ou même plus anciens.

(2) C'est à cet endroit que se trouve actuellement la rue des Barbacanes.

(3) Ce sont là trois localités très-voisines de la ville de Domfront et dans des directions différentes. — Quoique notre texte dise Bayette, nous croyons qu'il s'agit ici de Bazeilles

qui seroient aidés des meilleurs hommes de guerre. Parce que tout courroit à bride abattue après les fuyards de la ville, évident que le dict comte seroit du nombre d'iceulx et que par ce moyen le siège se leveroit de devant la ville, qui seroit un stratagème mémorable et de singulière invention, comme il estoit bien proposé, si le Dieu des batailles n'en eust aultrement disposé. Parceque trente ou quarante bons chevaulx, à ce députés, estant issus d'icelle ville et parvenus sur le haut de la Grande Brière, commencèrent à galopper quatre à quatre, s'entresuivant de distance, comme de longueur d'une pique, et disoient moyennement hault : *charge! charge!* Est oultrepassé ainsy un corps de garde de quelques gens de pied, posé à leur dextre, en la prochaine maison appartenant à Jean Levesque, et, suivant leur pointe, donnèrent par le chemin de hault, jusqu'à la portée de l'arquebuse près de la dicte Roche Sainct-Vincent, où ils trouvèrent un gros de cavalerie y-ce posé en garde, qui, non seulement descouvre jusqu'à eulx pour recongnoistre ce qui estoit pour force de l'entrée d'icelle Roche, mais aussy les allèrent attaquer et combattre bravement en bles-

situé sur la route de Mayenne et dans la commune de Domfront, section de St-Front. — De ces trois divers points, qui tous étaient placés sur des routes, il était très-facile de gagner le Mont-Margantin et de là le Bas-Maine.

sant et tuant de leurs hommes et chevaulx et eulx pareillement des nostres, qui les rembarrèrent vivement et remmenèrent battants jusque sur la Grande Brière, d'où leurs compaignons les favorisèrent à coups d'arquebuse à la dicte retraite de sus les dictes murailles. Et renfermés avec le dict comte n'attentèrent de mèshui (1) aulcune saillie pour l'espérance qu'ils avoient de sortir à l'emblée ou par la faveur de quelque trahison ou secrète invention, ou bien que ledict siège s'ennuieroit et non eulx, qui avoient des vivres pour eulx et leurs chevaulx pour un long temps, ou qu'il n'estoit possible de les prendre sans artillerie, dont n'y avoit plus près que pour Paris, d'où elle ne viendroit jamais ; ce qu'estant, se garderoient d'escales qui n'est facile pour la hauteur du lieu et murailles, ou que sondict fils De Lorges le pourroit secourir, comme à la vérité l'on trouva plusieurs bultins qui furent apportés à Monsieur de Matignon et qu'il n'y avoit aultre chose, sinon *Lorges, secours.*

LA VILLE DE DOMFRONT REPRINSE PAR LES GENS DU ROY. — ASSAULT DONNÉ AU CHASTEAU, LE MÊME JOUR, DE LA BATTERIE.

Et partant, après que mondict seigneur

(1) Vieux mot français dans le sens de DEPUIS LORS.

y eust séjourné depuis le dimanche matin 16 may (1) jusqu'au dimanche 23, que l'on commença sur les six heures du matin à saluer le chasteau avec cinq pièces de batterie qui tonna sans cesse tout ledict jour jusque sur les quatre heures du soir, qu'un grand pan de muraille estant tombé par la violence d'icelle, dont on tira près de quatre cents coups fort furieux, qui contraignit lesdicts assiégés d'abandonner la ville où les soldats entrèrent à l'escalle et y butinèrent force bonnes hardes et chevaulx.

Puis se logèrent en icelle pour se garder en se remparant et gabionnant avec tonneaulx, pierres et busches, afin que ceulx du dict chasteau ne sortissent pour les y battre et les chasser d'icelle, ce qu'ils ne firent pour ce que les compaignies députées pour l'assault et une grande partie de la noblesse conduicte par le Sieur de Fervacques (2), et les gens de pied par le Sieur de Lavardin, jeune et vaillant seigneur, montèrent à toute peine à la dicte bresche aucunement remparée et hardiment défendue par ledict comte et assiégés, qui

(1) Ici le manuscrit porte 17 MAY ; nous devons rectifier cette légère méprise de l'auteur.

(2) Voir notre Notice sur ce personnage, p. 46, rappelant que Fervaques fut blessé dans cet assaut. Odolant-Desnos, t. II, p. 299. — Lavardin (voir p. 55, note 2) fut blessé également, mais plus tard devant Saint-Lô.

voyant aulcuns des plus hasardeux monter et se présenter mal suivis à la dicte bresche s'asseurèrent d'en avoir bon marché, comme ils eussent eu d'advantage, sans que nos canoniers, estant fort experts et certains, firent un grand meurtre de leurs gens, en massacrant un bon nombre entre lesquels fut ledict Mahet-la-Saussaye, Mᵉ Jean Garnier dict Le Bourguignon, Mᵉ Nicolas Labbé, le fils d'Estienne Anjou (1) et plusieurs aultres jusqu'à trente ou quarante, chose qui diminua leur nombre, pour n'estre assez forts à soutenir un assault, si l'on leur eust livré (2).

Capitulation accordée au comte de Montgommery et ceulx qui estoient avec luy dans le chasteau de Domfront.

Et fust aussy advenu avant que la sepmaine eust esté expirée, après avoir recou-

---

(1) Le texte porte Avion. Il y a dans l'arrondissement de Domfront plusieurs familles de ce nom, notamment dans les environs de Champsecret. D'un autre côté nous avons cru précédemment voir la désignation de la province de l'Anjou. Dans le Mortainais une antique et illustre famille portait du reste le nom de d'Anjou.

(2) Tout ce passage est obscur, tortueux, et manque de netteté. Mais notre tâche est limitée à la publication du texte de Boispitard. D'autres pourront facilement faire la critique des diverses relations du siége de Domfront par la comparaison des documents déjà connus. Boispitard est entré dans de trop longues digressions au sujet du supplice de Le Héricé. La justification de sa conduite et de sa tenacité dans sa vengeance privée était difficile et par conséquent embrouillée.

vert nouvelles munitions pour la dicte artillerie, dont le défaut porta grand domage, obstant que nouvelles compaignies Françoises bien armées et complètes nous arrivèrent journellement, qui ne demandoient qu'à estre envoyées à la bresche, après que la dicte artillerie y auroit tiré trente ou quarante volées, pour aucunement esplanader ce qu'ils y auroient remparé, et que (par) cet effect et entrée furieuse, eussent éxécuté une belle victoire et heureuse pour tout ce païs particulièrement en ostant un tas des plus seditieux et pernicieux, qui sont demeurés par le moyen de la capitulation qu'on fit audict comte et susdicts, qui estoit qu'il, chef, debvoit se rendre à la miséricorde du Roy et à ceste fin luy estre mené seurement. Et quant aux aultres de sa trouppe, ils demeureroient prinsonniers à la merci de mondict seigneur de Matignon et aultres seigneurs cappitaines, qui les mirent à rançon, et par ce moyen eurent la vie saulve pour peu d'argent, en tant que les petits et infirmes, qui avoient néantmoins faict de grands larcins, bruslements et oultraiges en ce païs à la conduite de l'aultre Pissot, encore vivant et faict prinsonnier comme les aultres, jaçoit (1) qu'il taschât fort à céler son nom

(1) Vieux mot français synonyme de quoique, bien que, malgré que.

au cappitaine Cadillan qui l'avoit jà mins à rançon de six vingt escus, quand je le recherchay curieusement et trouvay aussy pour le demander à mondict seigneur de Matignon, pour le faire pendre comme son frère, pour satisfaction et punition des offenses qu'ils m'auroient faict faire en mes biens et maisons par leurs soldats, ce qui me fut accordé.

Et par même moyen commanday audict Cadillan me le livrer pour le faire attacher le vendredy lendemain de la capitulation, jour que les compaignies deslogèrent à la diane de devant ledict Domfront, prenant la route de Sainct-Lô; qui fut cause que redoublay ma clameur et prière à mondict sieur de Matignon pour me tenir promesse, ayant dès le jour précédent faict faire et dresser une potence sur ledict Tertre (1), derrière le chasteau, pour à ycelle le pendre et étrangler comme il fust finalement après itératif commandement au dict Cadillan, qui escripvit à l'ung des caporaux de sa compaignie qu'il me livrâst ledict Pissot pour le remmener à Monsr de Matignon, ce qui me fist dilligenter de monter à cheval pour piquer après en toute dilligence; parceque lesdictes compaignies estoient jà fort esloignées.

(1) Le Tertre-Grisière, dont nous avons déjà fait mention.

Et comme j'estois à cheval, rencontray le Sieur de Beauregard d'Auvernay, et de Paris, nepveu dudict sieur de Beauregard (1), arrivant audict camp, que j'advertis de mon entreprinse et priay aussy de m'assister à la poursuite que éxécutasmes promptement. Et atteignimes lesdictes compaignies entre Mortaing et l'abbaye de Lonlay (2). Et ayant icelles traversé, trouvasmes à la tête d'icelles cil que demandois qui me livra ledict Pissot, à son grand regret. Néantmoins il s'attendoit de capituler par les chemins avec moi, en m'offrant de vendre pour trois mil livres de biens et héritaiges qu'il disoit avoir, pour racheter sa vie, qui dura

(1) Ce sont probablement des membres de cette famille d'Auvernay qui est mentionnée dans une déclaration des rentes dues à la Baronnie de Lucé, par ses tenanciers, en l'année 1534. « C'est le nom des hommes et tenants sous la provosté « du fief de Lucé, dont la déclaration est baillée par Tho- « mas, Jullien et Jullien dicts d'AUVERNÉ, provosts fieffés d'i- « celle provosté, et des parties de rente par eulx deubs aux « termes qui ensuivent : Au procureur de Domfront etc. »
(Registre des aveux. — Biblioth. de la ville de Domfront.)

(2) Les dicts Pissot firent brusler l'église et abbaye de Lonlay qui fut aultre grand dommaige et sauvèrent seulement la maison manable de l'abbé. — Cette note était insérée en marge du Mss.

Cette note nous a suggéré la pensée que peut-être le domaine de la Touche, qui devait appartenir aux frères Le Héricé, dits Pissots, fut confisqué sur eux et donné à l'abbaye de Lonlay, après leur mort, en compensation des dommages qu'ils avaient causés à ce monastère. Les confiscations de ce genre s'exécutaient toujours sur les condamnés.
Toujours est-il qu'en 1790, le titulaire du prieuré de Notre-Dame-sur-l'Eau qui dépendait de Lonlay, inscrivait dans l'énumération de ses possessions : « La maison de la Touche, « avec le jardin, la ferme et terres labourables, située en la « paroisse de la Haute-Chapelle, affermée à Siméon Bidard « pour 600 livres. » (Titre original Mss.).

jusqu'après l'avoir présenté devant mondict sieur de Matignon, où le comte estoit présent et tout près de monter à cheval pour eulx en partir après les aultres.

Et après quelques propos par eulx tenus audict Pissot, fut livré au bourreau qui le conduisit en belle compaignie jusqu'au lieu du supplice, où il passa sans vouloir prendre confession que je lui fis offrir, après avoir demandé ung pardon général à tous ceulx à qui il avoit faict offense, qui n'estoient présents ; aussy n'eut-il aucune responce qu'il ne méritast aulcunement, pour ce que les assistants scavoient bien que s'il eust vécu d'advantaige, il eust continué de mal en pire à travailler pour domaiger ce païs, comme il avoit récidivé plusieurs fois.

Ainsy voilà la vie et belle fin des deux volleurs dicts Pissot, qui avoient faict la guerre et esté cause de la ruine et surprinse des ville et chasteau de Domfront : ils demeuroient tout auprès (1).

(1) Dans notre monographie des frères Le Hericé (v. p. 89), nous avons déjà fait ressortir la valeur de cette observation. Elle nous paraît capitale et ne nous laisse aucun doute sur l'origine domfrontaise et normande de ces personnages.
Remarquons aussi que Boispitard ne mentionne nulle part les noms des deux capitaines la Touche, qui figurent dans toutes les autres relations et qui sont connus de tous les chroniqueurs de ce siége fameux. Le capitaine Latouche aîné commandait même la forteresse avant l'arrivée de Montgommery (Louis Dubois p. 261) : ce rôle est bien celui de Ambroise Le Héricé.
Nous en tirons comme conclusion que le nom de la Touche devait très-probablement être celui du titre nobiliaire de ces

PRÉSAGES SUR LE COMTE DE MONTGOMMERY.

Et ne doubte pas que la prinse dudict comte et la mort honteuse d'iceulx Pissots ne soit advenue par grand heur (1), après le malheur, pour beaucoup de raisons que j'ay cy devant réitérées en contant tout le dict siège qui dura près de trois sepmaines. Le temps fut fort calme, sans vents ny pluie, non pas une seule nuée qui eust peu obscurcir la clarté des estoilles, la nuict, qui par pluie, tempeste ou nébulosité, luy eust pu donner couverture pour s'eschapper la nuict, comme on dict avoir faict audict Sainct Lo.

Et aussy qu'il lisoit souvent devant le siège un quatrain estant inscript en l'almanach de M° Florent des Croix (2), pronostiqueur, pour le dict an, qui estoit mins sur la tête du calendrier d'iceluy pour prédiction de ce qui adviendroit le mois de may et disoit :

frères. Leur nom patronymique était bien celui de Le Héricé et la qualification de Pissots n'était qu'un simple sobriquet. D'après la note précédente il y avait une terre de la Touche en la Haute-Chapelle. Nous connaissons plusieurs fiefs seigneuriaux du nom de la Touche.

(1) Ce vieux mot se retrouve toujours dans notre langue, mais transformé en bon-heur et mal-heur.

(2) Florent Chrétien des Croix, né en 1541, et mort en 1596, fut l'un des rédacteurs de la Satyre Menippée. Ses poésies françaises sont très-médiocres, tandis que ses vers grecs ou latins sont encore estimés.

Le messager de la bande céleste
Appaisera les menaces des vents ;
Lors quelques-ungs, à nuire diligents,
Sentiront cheoir un meschief sur leurs testes.

Et un aultre almanach de Nostradamus, le jeune (1), au mesme an et mois, estoit escript un aultre quatrain :

L'avare Dardanier est encore soucieulx
De se faire apparoir avec sa triste face ;
Le vice au cler mi-jour de la mercate race
Cache les absens et conspire contre eulx.

Le comte de Montgommery fist un vice de clerc (2) et mal advisé cappitaine de s'enfermer dans Domfront, sans avoir gens suffisants.

Le comte affirmoit se doubter que lesdicts quatrains s'adressoient à luy et à ceulx de sa trempe parceque *race mercate est à dire trafiquans marchandises illicitement, bons voleurs* ; lesquels advertissements luy es-

---

(1) On connait deux Nostrodamus le Jeune.
L'un, Jean de Notre-Dame, dit Nostrodamus le jeune, est le frère puiné du célèbre astrologue. Il composa un grand nombre de poésies, de chansons et même des prophéties.
L'autre, — et nous croyons plutôt que Boispitard a voulu parler de ce dernier, — Michel de Notre-Dame, dit aussi Nostrodamus le jeune, est l'un de ses propres fils, dont il porta le prénom. Voulant prédire ainsi que son père, mais voyant toujours les événements démentir ses prophéties, il s'avisa d'annoncer la destruction de la petite ville de Pouzin, près de Privas, puis d'y mettre le feu lui-même afin d'avoir raison au moins cette fois. Surpris dans l'accomplissement de ce dessein criminel, il fut tué en cette même année 1574.

(2) Nous dirions aujourd'hui un pas de clerc.

toient prédictions d'une ruine future comme elle leur advint tost après la prinse et capitulation dudict chasteau.

Le comte de Montgommery après avoir esté prins a Domfront eut la teste tranchée a Paris.

Pour ce qu'il fust mené à Paris, où le vingt-six de juing ensuyvant il fut décapité et morut huguenot, au grand regret de ses confrères et du contentement des catholiques, auxquels il auroit faict tous les maux et ravages qu'il auroit pu inventer.

Mort du Roy Charles IX.

Et à son prétexte, adveu et conduicte, trop de meurtres, assassinats, rebellions et saccagements de bourgs et villes ont été perpetrés depuis 1562, qu'ils commencèrent, jusqu'au dict jour de sa fin que le bon Roy Charles neufviesme ne vit pas. Mais bien sceut ladicte prinse dès le vendredy au soir qu'il estoit extrèmement malade au Bois de Vincennes, où il décéda le dimanche subséquent, jour de Pentecoste, trente et pénultiesme dudict mois de may, à l'âme duquel Dieu ait faict miséricorde : Amen. C'estoit un bon prince et humain et qui alloit commencer à congnoitre et chastier vertueusement ses subjects séditieux et rebelles, comme il démonstra bien avoir grande affection pendant l'assiègement dudict comte où sans cesse compaignies arrivoient (1), tellement qu'à la fin il y avait quinze ou vingt mille combattants devant ledict Domfront, qui fouragèrent tout ce qui restoit du commencement de la dicte surprinse jusqu'à leur désistement, tellement que le païs eust esté ruiné généralement, si ledict siège eust continué jusqu'à la moisson, ou bien s'il eust attendu à venir jusqu'après la récolte des bleds, cildres et foins. Les habitants des environs s'en fussent ressentis à vingt ans après, et moy, les circonvoisins de Mayenne et aultres vicomtés, où les soldats dudict camp, estoient contraincts aller à la picourée, en ce qu'ils ne trouvoient plus que prendre en ce dict païs ; par quoy debvons tous présents et advenir rendre grâces à Dieu de ce que nostre tourment et affliction n'a duré que trois mois jour à jour, selon les dates prescriptes, ce qui nous a consolé d'une bonne fin après, et de la joie de la prinse et termination de ceulx qui avoient conjuré contre Dieu, le Roy et la patrie et tout gens de bien catholiques, auxquels le même Bon Dieu donnoit bonne patience et persévérance.

(1) Ce fragment de quelques lignes seulement a été publié par M. le comte Hector de la Ferrière, Journal de la comtesse de Sanzay, p. 21.

Siège de Sainct-Lo, au devant duquel est conduict le comte de Montgommery.

La guerre et affaire de nostre Domfront passée, comme j'ay cy devant faict mention, ne contenterois les lecteurs sans déclarer aussy ce qui seroit advenu ès aultres deux villes de Normandye surprinses, à sçavoir Sainct Lo et Quaranthan.

Quant audict Saint Lo, le siège y avoit continué sans batteries, qui recommença au retour de mondict Sieur de Matignon qui y conduisit toute l'armée et ledict comte de Montgommery qui, par la capitulation sus dicte, promettoit que le sieur de Coulombières estant chef et bien gardé, tout aussitost qu'il auroit parlé à luy ou commandé ce faire suffiroit, qu'il luy obéiroit volontairement. En ce faisant qu'arriveroit par là à s'insinuer en la bonne grâce du Roy, qui luy pardonneroit plus libéralement et à la charge aussy qu'il luy prometteroit non jamais à l'advenir porter les armes contre Sa Majesté, ains seulement pour son prince, et qu'il luy bailleroit cinq de ses enfants pour ostage et seureté ; en retiendroit seulement quatre des neuf qu'il avoit et plusieurs aultres belles intelligences qu'il disoit avoir, qu'importoient grandement le repos et pacification du royaulme. A quoy il faillit dès le commencement qu'il eut parlé audict Coulombières et prié de rendre la place et se remettre comme il avoit faict, en la miséricorde du Roy, qui estoit un tant débonnaire prince et monarque, qu'ils en recevroient tous deux à l'advenir toute faveur et humanité.

A quoy la responce ne manqua de commines (1) et injures, lui disant qu'il se garderoit bien d'estre si lasche et poltron comme luy qui s'estoit rendu prinsonnier sans combattre et se fist plustôt crever (2) que de se rendre à la merci d'ung bourreau ; de quoy il ne debvoit espérer meilleur marché. Et quant à luy jamais n'adviendroit qu'on dist de luy aultre chose, si non qu'il seroit mort les armes au poing ou auroit vaincu ses ennemis. En quoy partant, il en estoit résolu là et de se bien défendre, tellement qu'il en seroit parlé à jamais.

Catherine de Médicis femme de Henri II, mère de Charles IX.

Ce qui fust cause que ledict comte se retira d'avec luy tant fasché et perplex, sçachant tost après les nouvelles de la mort de nostre Roy et qu'il alloit tomber en la mercy de la Royne mère régente, qui le haïs-

---

(1) Notre vocabulaire français a conservé le mot comminatoire, qui renferme une menace.

(2) C'est-à-dire sans doute qu'il se serait fait sauter la cervelle d'un coup de feu ou se serait frappé d'un poignard plutôt que de.....

soit mortellement, parceque en l'an 1558, en ung tournoy, à Paris, il avoit blessé le feu Roy Henry, son mary, dont il estoit mort tost après, et que ledict comte vit aussy battre fort furieusement la dicte ville de Sainct Lo, et après y donner l'assault le jour du Sainct Sacrement subséquent ladicte Pentecoste du décès du Roy.

Le Sieur de Coulombières tué en combattant a la bresche de Sainct Lo.

Auquel assault le Sieur de Coulombières fut tué à la bresche en combattant et faisant grand debvoir de porter et encourager ses soldats qui vendroient leur prinse bien cher, y ayant fort blessé ledict seigneur de Lavardin, tué et blessé plusieurs vaillants cappitaines et soldats, qui y entrèrent de grande furie ledict jour ; quelle chose on n'espéroit n'estre si tost advenue, ny à si bon marché, sans que Dieu y mist la mort soudaine dudict Coulombières, qui par ce moyen maintint la promesse qu'il avoit faicte lorsqu'il dist pouilles et vilennies au dict comte, qui s'estoit rendu si laschement.

Capitulation de Quaranthan ou les chefs demeurèrent prinsonniers.

Et quant audict Quaranthan, qui voyoit

qu'il ne restoit plus qu'à penser en sa défense ou capitulation, voyant ceulx qui estoient séans que l'armée s'acheminoit vers eulx pour les assaillir après les aultres, chose qui les fit penser en leur conscience, et après la sémonce accoustumée se rendirent les sieurs de Lorges, Guitery et aultres à la mercy de la Royne et de Monsieur de Matignon ; auquel Guitery la dicte Dame fit grâce.

Et quant au Sieur de Lorges, il s'eschappa de la prinson en quoy l'avoit Monsieur de La Hunaudoye. Et depuis se retira à La Rochelle, où, contre sa promesse, il a faict tousjours depuis actes d'hostilité avec les rebelles estans dans ladicte ville, dont il sera puny plus grièvement s'il retombe une aultre fois en prinse, parceque en considération de son jeune âge et des promesses qu'il faisoit ne porter jamais les armes contre Sa Majesté, on lui auroit faict grâce de la vie et laissé eschapper comme à escient.

Et quant à la dicte armée de Normandye, après avoir faict montre (1), elle s'alla joindre en Poitou, avec aultres forces pour le Roy, dont estoit chef Monsieur Le Duc de Montpensier, qui tenoient dès long temps le siége de Lusignan prins par as-

(1) C'est-à-dire après avoir été passée en revue.

sault la vigile de noël subséquent, où fut tué braves gens et rendu par capitulation viron la mi-janvier ensuivant.

LA MAISON HABITÉE PAR MONTGOMMERY

A DOMFRONT

Induit en erreur par la copie du Manuscrit que nous avons eue sous nos yeux, nous avons dit que Montgommery fit choix de la maison du lieutenant Des Moncelles, tandis que ce fut très-vraisemblablement celle du lieutenant Des Moulins qui obtint ses préférences. Nous tenons essentiellement à relever cette inexactitude.

En effet, il n'y a jamais eu à Domfront de famille Des Moncelles, tandis que celle de Messieurs Des Moulins y a subsisté longtemps (Le Paige, Dict. du Maine, v° Domfront).

Il existe dans la chapelle du collége de cette ville une pierre tombale de noble A. Des Moulins, décédé le 27 avril 1572. L'inscription en a été relevée récemment par M. Blanchetière (Public. de l'Orne, n° du 24 février 1878).

Son fils, Michel Des Moulins, lui succéda sans aucun doute dans l'office de lieutenant général de Guy Cormier, vicomte de Domfront, puisqu'en cette qualité, dès l'année 1576, il était membre de l'échiquier d'Alençon (Bry de la Clergerie, hist. du Perche, p. 365).

Une fille de ce Michel épousa M. Simon Couppel, substitut de l'avocat général du bailliage de Domfront. Les noms des deux époux figurent dans un arrêt du parlement de Rouen, du 1ᵉʳ juillet 1612, qui renvoie du bailliage de Domfront à celui d'Alençon Messieurs François Ruault, plaidant contre ses frères Charles et Christophe, à raison de leur parenté et de leurs alliances avec divers membres de la magistrature locale. Dans cet arrêt Marie Des Moulins est désignée spécialement comme fille de Michel, lieutenant général. (Titre original communiqué de la façon la plus bienveillante et la plus gracieuse).

Ainsi il ne peut être douteux que ce fut bien de la maison du LIEUTENANT DES MOULINS que Montgommery s'accommoda.

Où était-elle située ? C'est ce qui nous reste à savoir.

Cependant, on pourrait admettre d'une manière à peu près certaine que ce pouvait être celle que posséda plus tard à Domfront Madame Marie Des Moulins, veuve de Henry Barré de Jumilly. Cette maison était auprès du couvent de Saint-Antoine, dont l'hôtel de ville actuel de Domfront et la place spacieuse qui l'entoure, occupent aujourd'hui et en grande partie l'emplacement. C'était donc tout près de la citadelle.

Madame de Jumilly passa soumission de cette maison au domaine de Domfront, en l'année 1664. (Registre Mss. des aveux. Domfront, f° 93, v°, à la bibliothèque publique).

Resterait à déterminer si ce logis était un héritage des Des Moulins ou des Jumilly. Sur ce point les documents nous font défaut.

Du Touchet

François de Boispitard, notre chroniqueur, a raconté dans un style énergique la surprise du Mont-Saint-Michel par du Touchet.

Nous croyons devoir publier ce récit, qui est d'ailleurs fort court, parce que d'abord il complète les œuvres connues de notre vieux compatriote, ensuite parce qu'il forme l'annexe naturelle et sert de pièce justificative et complémentaire des faits et gestes de ce lieutenant de Montgommery, dont il partagea la fortune pendant le siége de Domfront.

LE MONT SAINCT-MICHEL SURPRINS

en 1577.

Le jour de la feste de nostre dame Saincte Magdelaine, le sieur de Touchet fit entreprinse de surprendre le Mont Sainct-Michel par simulation d'hommes qui avoient signal de se recongnoistre au matin en l'église dudict lieu, mettant leurs chapeaux soubs leurs genoux pour s'entre congnoistre, lorsqu'ils seroient assemblés en nombre suffisant ; et ayant armes cachées, se saisirent de ladicte église, en attendant qu'ils occuperoient aussi les portes et armes des mortepayes, pour faire après ouverture d'icelles à ceulx qui estoient demeurés en embuscades hors grève, d'où ils pourroient découvrir aultre signal qu'ils devoient poser sur le pinacle de ceste église ; ce qui ne réussit à leur intention, parce qu'ils furent enclos en icelle et assiègés promptement par le peuple assisté du Sieur de Vicques, lieutenant de Monseigneur le mareschal de Matignon, qui les laissa aller vie saulve par capitulation. Dont louanges à Dieu !

LA PATRIÈRE

Lorsqu'à propos du siége de Domfront, en 1574, nous avons fait mention de quelques hommes notoirement connus, nous avons esquissé très-rapidement leurs biographies. Pirrhus Lenfant de La Patrière, qui, avec du Touchet, a joué l'un des rôles les plus importants auprès de Montgommery, est resté à peu près ignoré jusqu'ici : ce nous est un motif de rechercher les actes auxquels il a pris une part active.

Fils aîné de Georges Lenfant, écuyer, seigneur de la Patrière et de Cimbré (1), et de Françoise du Plessis-Richelieu, grand'tante du cardinal, il fut comme son père, seigneur de la Patrière, en Courbeveille; de la Houssaie, en l'Huisserie; des Scepeaux, en Astillé, de Portebise et de Cimbré, en Anjou. Il se distingua de bonne heure dans les armées protestantes.

Dès 1564, il refusa de payer à la fabrique d'Abuillé, la rente de vin léguée par ses ancêtres : c'était prendre un prétexte assez futile pour se soustraire à une dette légitime.

Nous ignorons toutefois si La Patrière donna, en 1560 et 1562, dans les crimes, vols, pilleries et conspirations de ses coreligionnaires. Cependant il s'avança fort dans l'amitié du comte de Montgommery, ce qui plaide assez peu en sa faveur, puisqu'on sait que

(1) Armoiries : d'argent à la bande d'azur, accostée de deux cotices de gueules (Cauvin, armor. du Maine, annuaire de la Sarthe, 1840).

avec un courage et une distinction dignes d'une meilleure cause.

Le 16 mars 1573, Pirrhus Lenfant épousa Claude de Chivré, fille de Jacques de Chivré, seigneur du Plessis de Chivré et de Jeanne de Bouillé.

L'année suivante, nous le retrouvons à Domfront, où il arriva en même temps que Montgommery.

Les deux frères Le Héricé y dominaient, nous le savons, et depuis le 26 février 1574 qu'ils s'étaient emparés de la forteresse, ils avaient ravagé tout le pays d'alentour, tant sur le territoire Normand que sur le territoire Manceau. Ils avaient exercé des vexations tyranniques partout où ils s'étaient présentés. Les cantons de Pontmain, de Gorron, d'Ernée, d'Ambrières et au delà, avaient subi leurs ravages et leurs déprédations. Entre autres églises incendiées par eux, la notice historique sur Domfront cite celles de Chantrigné et de Céaucé ; nous ajouterons avec Boispitard, celles de Champsecret et de Dompierre. L'église de la Dorée fut également *ruisnée et incendyée* (1) ; Gorron maltraité et brûlé en partie ; Ambrières ravagé avec les lieux voisins; Mayenne attaqué ; la ville d'Alençon fut prise par leurs affiliés et les bandes qui avaient Montgommery pour instigateur allaient attaquer le Mans et envahir le Maine tout entier, lorsque survinrent les évènements de Domfront.

Un historien nous répète que ce fut Pirrhus Lenfant qui tua Ambroise Le Héricé, dans les circonstances que nous avons déjà remarquées dans le récit de Boispitard. « Le Bala-

(1) Archives de Goué.

les huguenots du Maine furent les plus francs coquins de l'armée de ce rebelle. Dans les occasions où il se trouva, il combattit du reste
« fré craignant de se voir arracher un com-
« mandement qui lui était aussi lucratif, reçut
« mal le comte, ne daigna pas aller au-devant
« de lui et se contenta de l'attendre à la porte
« de la ville ; il lui refusa même des vivres
« pour lui et sa troupe, disant au comte que
« la place lui appartenait et qu'il l'avait con-
« quise. La Patrière, officier du comte, indi-
« gné de ce propos, qui faisait trop sentir au
« fugitif de la Vire que le Balafré ne voulait
« plus être sous ses ordres, voulut lui porter
« un coup d'épée ; le Balafré en reculant
« tomba à la renverse, reçut le coup d'épée
« dans le ventre et en mourut. » (J.-F. Pitard, fragment sur le Perche).

La nuit suivante, Montgommery s'empressa d'entrer dans la ville de Domfront, et s'y barricada ; mais Matignon qui avait fait diligence arriva bientôt poursuivant le fugitif de St-Lô. On sait le reste.

Parmi les défenseurs du château, Rolland de Chauvigné, seigneur de Boisfroult et de Chauvigné, en Athée, paraît avoir succombé. Quant à La Patrière, il en coûta à Claude de Chivré pour sauver la vie et la liberté de son mari, la somme énorme de 30,000 livres. Par ce chiffre, on voit ce que valait ce chef.

Devenu libre, il alla deux ans plus tard se mettre au service d'un autre chef protestant, Guy XIX, comte de Laval, son suzerain naturel, qui cherchait à reformer son parti au Maine, en Bretagne et dans le Poitou. La Patrière reçut de lui, le 30 juillet 1576, la charge de grand maître des eaux et forêts du comté de Laval et un commandement militaire important dans le Poitou et dans la Saintonge.

Pirrhus Lenfant avait deux frères, Gabriel et Georges. La tradition dit que les trois frères professaient la même religion et qu'ils établirent un prêche protestant dans leur domaine de Vauraimbault, en Montigné : on montre encore dans les environs une pièce de terre nommée le *cimetière aux huguenots*.

Après l'assassinat d'Henri III, à la reprise des hostilités, Pirrhus de La Patrière vit sa fortune grandir et fut nommé maréchal de camp par Henri IV, qui attirait à lui les hommes de talent, sans considération de parti. Le 18 août 1590, il fut fait capitaine du château de Laval, puis capitaine de 100 chevau-légers, par commission du 7 juillet 1591, capitaine de 100 hommes d'armes, gentilhomme ordinaire de la chambre du roi, par lettres du 16 mars 1592 et chevalier de l'ordre, en 1593. Il est visible que le roi faisait grand cas de cet officier général.

L'époque de sa mort doit être fixée entre les années 1606 et 1609. Tout fait présumer que dans les derniers temps de son existence, il dut revenir à la religion catholique et aux nobles sentiments de ses pères. (Voir Deux capitaines Manceaux de l'époque des guerres de religion, par Ch. Pointeau. — Revue hist. et archéol. du Maine, 1876, p. 622).

TROISIÈME PARTIE

LES DEUX SIÉGES

de

DOMFRONT ET DE SAINT-LO

D'après le Manuscrit autographe et inédit

De Toustain de Billy.

Publiés par les soins d'un Bibliophile normand.

On trouve à la Bibliothèque nationale de la rue Richelieu, les Manuscrits autographes de l'histoire du Cotentin, par Toustain de Billy : ces manuscrits sont entièrement inédits.

Nous en avons extrait les passages suivants (1) qui concernent les deux siéges de Domfront et de Saint-Lo, dont Gabriel de Montgommery fut le héros principal, et qui, par ce motif, forment un ensemble qui eut son sanglant dénouement sur la place de Grève, à Paris.

Ils suffiront pour faire apprécier la valeur de cette composition sérieuse et pleine d'intérêt, puisée aux sources véritables et fruit de recherches profondes et laborieuses (2).

L'auteur, messire René Toustain de Billy, prêtre et docteur en théologie, fut, au temps du Roi Louis XIV, curé de la paroisse du Mesnil-Opac (3). Il naquit en 1643, à Maison-

---

(1) Bib. nation. fonds français, Mss. 4899, fo 437 et suiv.

(2) De Gerville. Et. géog. et hist. du dép. de la Manche, p. 232.

(3) Canton de Tessy, arrondissement de Saint-Lo (Manche)

celles-la-Jourdan (1), et mourut au Mesnil-Opac, le 17 avril 1709. C'est tout ce que l'on sait de lui. Mais son souvenir vit dans ses œuvres historiques et archéologiques qui sont nombreuses, d'une science profonde et d'une véritable importance.

Doué d'une patience rare et à toute épreuve, de Billy avait compulsé et à peu près copié tous nos cartulaires Cotentinais. Il cite à chaque page son recueil de chartes, auquel il a fait de nombreux emprunts dans ses compositions diverses; malheureusement cette immense compilation paraît perdue pour les savants. Cette perte est d'autant plus regrettable que beaucoup de ces cartulaires ont disparu pendant la Révolution (2).

Quant à ses travaux personnels, tous se rapportent au diocèse de Coutances qu'il semble avoir habité constamment (3). Ils lui furent inspirés et conseillés par Nicolas-Joseph Foucault, chevalier, marquis de Magny, conseiller d'Etat, et intendant de la Basse-Normandie, à Caen, savant lui-même, et qui fut un véritable Mécène pour les lettrés de cette généralité.

Foucault, on le sait, provoqua des mémoires nombreux de la part de tous les principaux magistrats normands, et de ses subdélégués. Ces études étaient destinées au duc de Bourgogne, le fils du grand Roi, et elles produi-

(1) Canton de Vire (Calvados).

(2) De Gerville, déjà cité, p. 232.

(3) En 1697, d'Hozier l'y trouva et l'inscrivit à l'armorial général de la France pour le blason suivant : René Toustain, prêtre, curé de la paroisse du Mesnil, d'argent à deux faces d'azur accompagnées de trois merlettes de sable, 2 en chef et l'autre entre les deux faces. Finance 20 livres. (Bibliot. nat. cabinet des titres, n° 388. Généralité de Caen, bureau de St-Lo, n° 85).

sirent sur le xviii° siècle une somme remarquable de travaux qui sont toujours consultés avec un vif intérêt.

L'intendant n'eut garde d'oublier Toustain de Billy, dont le mérite et le talent lui étaient signalés et connus dès long temps, et celui-ci répondit à sa bienveillance par l'envoi des ouvrages suivants :

1° Nous citons en première ligne l'*Histoire Ecclésiastique du diocèse de Coutances*.

Inédite jusqu'à ce jour, cette histoire, qui comporte la partie la plus considérable de l'œuvre de Toustain de Billy, est actuellement en cours de publication. Elle fait partie de la Bibliothèque de la Société de l'Histoire de Normandie, qui en a confié tous les soins à M. François Dolbet, archiviste du département de l'Eure. Trois volumes doivent composer l'ouvrage. Les deux premiers sont parus à Rouen, chez Méterie, en 1874 et 187..

Le Mss. autographe de ce volumineux ouvrage doit se trouver à la Bibliothèque de Cherbourg (1).

D'après le vénéré M. de Gerville, voici le sort qu'il a subi à diverses époques, et comment il a échappé aux incertitudes de près de deux siècles.

A la mort de son auteur, il passa à M. Barbe, son successeur à la cure du Mesnil-Opac, qui en laissa tirer quelques copies. Les héritiers de celui-ci le donnèrent à M. Bonté-Martinière, mort à Coutances, vers 1824, dans un âge très-avancé. Son fils le communiqua à M. de Gerville, dont la transcription, léguée à

---

(1) Théod. Lebreton, Biogr. norm. — Edouard Frère, manuel du Bibliogr. normand.

son neveu M. Dolbet, sert à sa publication actuelle. Enfin le général **Bonté** le donna à M. le comte Frédéric de Bérenger, de Trelly, près Coutances (1). C'est, sans nul doute, des mains de ce dernier qu'il est passé à la bibliothèque de Cherbourg.

Il existe à la Bibliothèque de Caen une très-bonne copie, en 2 volumes, de l'Histoire Ecclésiastique du diocèse de Coutances : elle est du temps de l'auteur, qui paraît l'avoir connue.

2° *Histoire du Cotentin, ou Mémoires pour l'Histoire civile du Cotentin.*

L'autographe, qui porte la date du 20 août 1706, et se compose de 81 feuillets in-f°, soit 162 pages, est conservé à la Bibliothèque nationale, sous le n° 4900, du Fonds Français. Il provient des collections De Boze (supp. Français, 21. n° 1037) et Reguis (9597-9). La Bibliothèque du Roi l'avait vu passer du cabinet De Boze sur ses tablettes, en l'année 1750.

Ce manuscrit, maculé de fréquentes ratures, de renvois, d'annotations, de surcharges et d'additions nombreuses, qui en constatent parfaitement l'authenticité incontestable, est écrit d'une encre très-noire, qui a résisté à toute action du temps et d'une main très-sûre.

Plusieurs copies en ont été faites. Les plus anciennes sont aux bibliothèques de Caen (2) et de Saint-Lô (3) Mais d'après ces copies, le manuscrit original, celui-là même que nous

(1) De Gerville, déjà cité, p. 232.

(2) Cette transcription porte la date de 1728. Elle est de 760 pages in-4°.

(3) Il doit y en avoir une également à la bib. de Bayeux.

indiquons, a subi de notables modifications qui ressortent de la manière la plus évidente par la comparaison de la version qui a été publiée par la Société d'archéologie et d'histoire du département de la Manche.

Il en résulte que le texte vrai de Toustain de Billy, que nous publions d'après son authentique de la Bibliothèque nationale, n'en a que plus de droits à tous nos respects et qu'il reste œuvre nouvelle et entièrement inédite.

Le Muséum Britannique (Harlay, n° 4599) possède également une transcription de l'Histoire civile du Cotentin, qui compose un volume in-f° de 313 feuilles, écrit par six ou sept mains différentes entre lesquelles l'original paraît avoir été partagé.

Comme dans l'histoire du Cotentin chaque ville forme un ouvrage indépendant, on l'a rarement copiée en entier. Chacun y a pris ce qui l'intéressait : ainsi l'habitant de Valognes a négligé ce qui concerne la ville de Cherbourg et réciproquement. De là l'extrême difficulté de trouver un texte complet de cette composition. Aussi, en présence de l'importance de cette œuvre précieuse, MM. J. Travers et Ragonde firent-ils, en 1832, un appel aux souscripteurs normands, pour sa publication, qui devait former trois volumes in-8°. Ils lancèrent leur prospectus ; mais leurs efforts n'eurent pas le succès qu'ils devaient en attendre.

Nous ne connaissons donc que le fragment édité par la Société d'archéologie du département de la Manche, et nous le répétons, le passage que nous donnons aujourd'hui diffère si sensiblement de celui qui lui correspond, que c'est à peine si on peut les reconnaître comme émanant du même auteur.

3º *Histoire de la ville de Saint-Lô.*

Mss. autographe également, classé à la Bibliothèque Nationale, au fonds Français, sous le n° 4899, fol. 405; 55 feuillets in-f°, soit 110 pages. Il est daté de l'année 1703 et vient, comme le précédent, du Fonds de Boze (supp. français, n° 1026).

C'est de ce fragment, qui fait partie de l'histoire générale du Cotentin, que nous avons extrait le passage que nous donnons ci-après.

4° *Mémoire sur l'Abbaye de Blanchelande.*

De même que l'histoire du Cotentin, il date du 20 mars 1706, et se trouve inscrit à la Bibliothèque Nationale, au Fonds Français, n°..

Il y a été versé également de la Collection De Boze (Supp. Français, n° 1027).

Au surplus, il est certain que les différents auteurs qui ont écrit sur l'Histoire civile ou ecclésiastique du diocèse de Coutances, ont largement puisé dans les divers manuscrits de ce travailleur infatigable et qu'ils ont tiré un grand parti des recherches consciencieuses de ce savant curé. Parmi eux, nous pourrions nommer Trigan, Bisson, Houel, de Gerville et vingt autres encore.

Voir : Le Père Lelong, Bib. hist. de la France, t. 1, p. 9999. — Masseville, hist. som. de Normandie, t. 1, p. 351. — Michaud, biogr. universelle. — Didot, biog. générale. — De Gerville, Et. géog. et hist. sur le dép. de la

Manche, 1854, p. 232. — Id. les châteaux et les abbayes du dép. de la Manche. — Edouard Frère, manuel du bibliog. normand, 1858. — Théod. Lebreton, biog. norm. 1861. — F. Pluquet, curiosités litt. de la norm. etc., etc., etc.

Hippolyte SAUVAGE.

FRAGMENT

DE L'HISTOIRE DU COTENTIN
Par Toustain de Billy.

Saint-Lo fort principal des Huguenots.

La cour fut alarmée des ravages et pillages des Huguenots. La Reyne-mère, à laquelle le Roy, à cause de sa faiblesse, avoit remis l'administration des affaires ordonna trois armées. Elle donna le commandement de la troisième au Seigneur de Matignon contre Mr de Montgommery, Colombières et les autres rebelles de Basse-Normandie.

Ils faisoient leur fort principal et leur arsenal de Saint-Lo. Mr de Matignon résolut de commencer par les en chasser, de gré ou de force; on y envoya donc, auparavant que de s'y avancer avec une armée, le vicomte de Turenne et le sieur de Guiton pour tascher de détourner Montgommery de la guerre : il la vouloit ; et ainsi Mr de Matignon eut ordre de s'avancer avec ses troupes et d'assiéger Saint-Lo.

Siège de Saint-Lo par M. de Matignon.

Ce siège est décrit par deux auteurs, dont les ouvrages sont publiés. Le premier est un écrivain de ce temps-là, lequel faisant un abrégé des guerres pour la religion commence par celles des Hussites en Bohème, et finit par la prise de Saint-Lo et de Carentan ; l'autre est feu M. de Caillières, en la vie du Mareschal de Matignon. Nous tirerons une partie de ce que nous allons dire de l'un et de l'autre, et, le surplus, des bons mémoires que nous avons vus.

Montgommery était à Carentan, dont il avoit faict gouverneur le comte de Lorge, son fils, où il obligeoit tous les jours (1) quatre cents paysans à travailler aux fortifications, lorsqu'il apprit que M. de Matignon sortait de Caen avec une armée de cinq à six mille hommes, pour venir contre luy : il vint aussitost à Saint-Lo, où commandoit Colombières, pour le renforcer et y donner les ordres qui seroient nécessaires en cas de siège.

Adresse de M. de Matignon.

Le général de l'armée catholique estimant que l'adresse ne réussit pas moins que la force, escrivit de Bayeux à Rampan-Clérel, gentilhomme distingué, que son dessein était d'aller assiéger Carentan ;

(1) La copie Mss. de la bibliothèque de Caen ajoute : à coups de bâton.

qu'il le prioit, luy et Sainte Marie d'Agneaux, à qui il communiqueroit sa lettre, de ramasser tout ce qu'ils pourroient de leurs amys en secret et de venir à leur ayde. Il donnoit, par un autre billet à part, l'explication de ces intentions à ce mesme seigneur de Rampan, qui ne manqua pas aussitost, selon les ordres qu'il en avoit, de communiquer cette lettre au S^r de Ste Marie. Ce gentilhomme était huguenot et favorisoit entièrement les Huguenots, mais en secret, paroissant à l'extérieur dans les intérêts du Roy. Il donna dans le panneau; il donna advis de sa lettre de Mr de Matignon à Montgommery et à Colombières qui le crurent d'autant plus que l'armée catholicque sortant de Bayeux où elle était venue de Caen, le général détacha Villers-Emmery, un de ses maréchaux de camp, avec une partie de sa garnison et l'envoya vers le Petit-Vé, comme pour le passer et investir Carentan.

Ainsy donc Montgommery craignant pour son fils, il affaiblit la garnison de Saint-Lo de cinq cents hommes qu'il envoya promptement à Carentan. C'est ce qu'avoit prévu et espéré son ennemi. Aussy sitot donc qu'il eut la nouvelle, Emmery, par son ordre, tourne à gauche et vient en diligence occuper les hauteurs de Saint-

Georges et d'Agneaux, pour empescher le retour de ces détachés.

M. de Matignon fit le même mouvement et vint investir Saint-Lo.

Montgommery sort de Saint-Lo va à Domfront.

Montgommery, surpris de cette fascheuse démarche, ne jugea pas à propos de demeurer enfermé en cette ville. Il crut qu'il suffiroit de son gendre pour la défendre, et qu'il seroit plus utile à son parti qu'il tint la campagne, où il pourroit plus aisément amasser des troupes et de l'argent pour secourir les assiégés : et « d'ailleurs (dit mon « auteur), souhaitant empongner bonne « somme de deniers qui l'attendoient à « Alençon, dont la plus part estoient pro- « testants ; il sort donc par la porte Dolée, « assez négligemment gardée par notre « capitaine Hyberneau, faict impétueuse- « ment sortie sur luy, et par ce moyen « gagne le haut, et d'une traitte donne « jusqu'à Domfront. »

Insigne friponnerie de Montgommery.

Un capitaine nommé Le Roy Balafré (1),

---

(1) Allusion à la qualification que prenait Ambroise Le Héricé, comme roi de Domfront et de la contrée environnante. Boispitard nous a déjà fait connaître ce détail singulier. Quant à Toustain de Billy, il est évident qu'il avait cru que le nom patronymique du Balafré était celui de Le Roy. Nous savons aussi que ce fut La Patrière qui tua le Balafré d'un coup d'épée.

s'étoit par son ordre emparé de Domfront. Il voulut, luy, Montgommery, auparavant que d'en sortir, s'emparer d'une bonne somme qu'avoit ce capitaine. Il affecta donc un de ses gens qui lui faisant une querelle d'Alemand, le tua indignement et son maistre s'empara de sa bourse. C'est ce que nous apprenons de notre premier écrivain en ces termes : « D'elle (c'est-à-dire de la « ville de Domfront), s'estoit emparé, à « l'instigation de Montgommery, un capi- « taine protestant nommé Le Roy Balafré, « garni pour l'heure d'une grosse bougette « remplie de bon nombre d'or et d'argent. « Le comte, non ignorant de ce et convoi- « teux d'en estrenner sa bienvenue, aposte « un gentilhomme, qui se formalisant ex- « près d'un pié de mouche, jette mon « pauvre Balafré tout roide mort sur la « place (1). »

M. de Matignon le suit, l'assiège et le prend à Domfront.

Cependant M. de Matignon apprenant la fuite du comte de Montgommery, le suivit incessamment suivant les ordres qu'il en avoit, fit armer les communes, assiégea Domfront, le prit, obligea Montgommery qui s'étoit retiré dans le château, de se

(1) Ce récit coïncide parfaitement avec celui de Boispitard qui est même plus circonstancié.

rendre et l'amena sous seure garde à Saint-Lo, dont le siège continuoit toujours, par ses lieutenants, depuis le premier jour de mai.

On continue le siège de Saint-Lo. Lieux par où il est attaqué.

Saint-Lo, comme nous avons dit, est situé sur une éminence. Il est quarré, quoique plus long que large. Il y a aux deux angles qui sont au couchant deux tours anciennes qui doivent être remarquées pour l'intelligence de ce que nous avons à dire : celle de ces tours qui est à l'angle du nord, peu éloignée de la Porte Dolée, est nommée la tour de la Rose; celle qui est à l'angle du midy, vers le Pont de Vire et de l'Hôtel-Dieu, est appelée la tour de Beau Regard, et tout l'espace entre ces tours est aussi appelé le Beau Regard.

Les protestants s'étoient particulièrement applicqués à se fortifier du costé des *champs* et du Neufbourg, ne se doutant pas qu'on entreprit de les forcer du costé du Beauregard (1). Ce fut néanmoins de ce côté là et justement au milieu de ces deux tours.

(1) Une variante d'après des copies Mss. dit : « de les forcer du costé de la rivière, ni de grimper amont ces rochers si escarpés et si effroyables sur lesquels sont ces deux tours de La Rose et de Beau Regard. »

On dressa deux batteries, la première au costé droit de cette rue qui conduit à Saint George par derrière, nommé Poderel, au lieu où est présentement le jardin de M. De la Tour, qui ruinoit la tour de la Rose et la courtine qui s'étendoit de la porte Dolée à cette tour de la Rose et l'autre au delà de la rivière de Vire sur les champs d'Agneaux, pour renverser les murs de Beau Regard.

On se sert de Montgommery pour appréhender le Sr Colombière.
Il refuse.

On avança peu en ce siège pendant l'absence du général, « mais (1) arrivé que fut
« le Sieur de Matignon, pour aler plus ex-
« péditivement et seurement à besongne,
« essaye ranger Colombières à quelque
« composition par l'entremise et remons-
« trance de Montgommery ; mais homme
« féroce et dur, au lieu de croire le conseil
« du comte, luy dit mille pouilles, en l'ap-
« pelant bourreau sanguinaire, hardy fu-
« yard et poltron assiégé, méritant la corde
« pour s'être laissé prendre vif, et réservé
« à mort infame. Quant à sa part, il pro-
« testoit aimer mieux rendre l'âme sur la
« bresche en bon soldat, qu'aler en Grève

(1) Dit l'auteur auquel est fait cet emprunt.

« servir de spectacle aux Parisiens ; il le
« somma en mesme temps de se retirer,
« luy défendant de paroistre jamais devant
« luy. »

Vaudeville sur la prise de Saint-Lo.

Voicy quelques versets d'un vaudeville que les soldats chantaient sur ce siège :

> Un premier jour de may, par permission divine,
> Saint Lo fut assailly à coups de coulouvrine ;
>   Somme qu'on eust pensé
>   Que tout y fust rasé,
>   Et en cendres consumé
>   Et trestout en ruine.
>
> Matignon y estoit et sa gendarmerie,
> Rampan-Clerel, aussy Aigneaux Sainte Marie,
>   Qui sans cesse crioit :
>   « Colombière, rends toy
>   « Au grand Charles, ton Roy,
>   « Où tu perdras la vie. »
>
> Colombières respond, tout remply de furie :
> « De me rendre en poltron, qu'on ne me parle mie :
>   « Jamais ne me rendray ;
>   « Toujours je combatteray ;
>   « Ou je vous chasseray
>   « Ou je perdray la vie. »

En effet, la ville fut attaquée avec beaucoup de vigueur. Elle fut défendue de mesme par des gens qui se battoient en désespérés. Les assiégeants s'étoient d'abord saisis des fauxbourgs de Torteron, de Dolée et des autres ; et dix huit pièces de gros canon avec quatre couleuvrines tirant incessamment, firent enfin une brèche raisonnable proche la tour de la Rose, dont ils abattirent une partie, et une demi-brèche, pour me servir de ce terme, au milieu de la courtine de Beau Regard.

Colombière tué sur la brèche.

On fut trois fois à l'assault et l'on fut repoussé autant de fois. Enfin les soldats qui étoient vers l'Hotel Dieu et qui veilloient à cette dernière brèche, craignant que ceux qui étoient vers Dolée n'entrassent les premiers et n'eussent l'honneur et le profit de la prise de Saint-Lo, s'encourageant les uns les autres, grimpèrent amont les rochers avec tant de courage qu'ils entrèrent et se rendirent maistres de la place, d'autant plus rapidement que Colombières qui jusqu'alors avoit plustot combattu en lion courroucé qu'en homme, « tenant la pique « au poing, dit notre auteur, le harnais sur « le dos, receut une arquebusade en la « cervelle dont il broncha mort sur la « place ; et qu'avec ce capitaine tomba « le cœur des assiégés qui, depuis, ne son- « gèrent plus qu'à la fuitte.

Saint-Lo pris d'assault.

C'est ainsy que Saint-Lo fut pris sur les

ennemis du Saint Sacrement, c'est-à-dire le 10ᵉ jour de juin 1574, le siège y ayant duré depuis le 1ᵉʳ jour de may ainsy qu'il apparoit par tout ce que nous en avons vu jusqu'à présent.

Nombre des morts :

Il y eut plus de 300 personnes des assiégés tuées à la première fureur des soldats victorieux et la chasse seroit allée plus loing si le commandant n'avoit eu soing d'arrester leur impétuosité.

On remarqua entre autres choses qu'ils firent mourir presque toutes les femmes qui avoient une camisolle et des manches rouges, parcequ'ils en avoient remarqué une qui, pendant le siège, avoit tesmoigné trop d'ardeur et de passion contre les assiégeants et ils esperoient toujours se venger.

Nos historiens disent qu'il n'y eut en ce siège que 60 personnes des assiégeants tuées et environ autant de blessées; les capitaines Hyberneau qui, comme nous avons dit, avoit laissé échapper le comte de Montgommery, et Sassy, furent du nombre des premiers; les seigneurs de Lavardin, Villers-Emery et le capitaine Hette, furent du nombre des autres.

QUATRIÈME PARTIE

La Chanson de Montgommery.

L'historien Caillebotte avait copié, à la suite du Manuscrit de François de Boispitard, « une chanson sur la mort de Montgommery. » D'après ses indications, il l'avait tirée du « Trésor des Chansons nouvelles du XVIe siècle. »

Elle nous a paru mériter de l'intérêt et elle a surtout excité notre curiosité. Quelques recherches nous ont bientôt démontré que quoique très-peu connue, elle avait cependant été souvent reproduite.

Nous avons eu néanmoins beaucoup de peine à la retrouver, car elle était enfouie dans des recueils tellement rares que la Bibliothèque nationale elle-même ne les possède point. Mais nous y avons mis d'autant plus de persévérance et de ténacité que nous l'avions déjà signalée dans notre propre réimpression de *La prinse de Montgommery* (Domfront, F. Liard, 1868, p. 10), et nous avons pu enfin en constater l'existence positive dans neuf rééditions successives, entières ou partielles, dont nous donnerons une nomenclature peut-être incomplète, quoique nous y ayons apporté la plus minutieuse attention.

1° Premier recueil de toutes les chansons nouvelles. — Troyes, 1590, in-32. — Page 40. — Bibliothèque de l'Arsenal, n° 8,736, B.

2° Trésor et triomphe des plus belles chansons et airs de cour, par les Srs de Sainct Amour et de Sainct Estienne. — Paris, Rolin Baragues, 1624, in-32.

3° Le trésor des plus belles chansons et airs de cour, tant pastorales que musicales, par le Sr de Saint Amour, et autres beaux esprits de ce temps. — Paris, v^e de Jean Promé, 1670, petit in-12.

Un exemplaire en maroquin bleu de ce livre assez recherché, a été vendu 70 fr. (vente Veinant), quoique d'autres aient été donnés plus d'une fois pour moins de 12 fr. (Brunet, Man. du libraire, t. v, v^r Saint Amour).

4° Le trésor des plus belles chansons et airs de cour, tant pastorales que musicales, propres à danser et jouer sur toutes sortes d'instruments, par le S^r de St Amour et autres beaux esprits de ce temps. — Troyes, Jacques Oudot, 1699, in-32. — pages 37 — 44. — Bibliothèque nationale Y^t. 6405 / 56,750. — Bibliothèque de l'Arsenal, n° 8,788.

C'est une réimpression de l'édition donnée par la veuve Promé. Un exemplaire en maroquin rouge s'est vendu 75 fr. (Vente Duplessis). (Brunet, man. du libraire, t. 5, v^r Saint Amour).

5° Recueil de chants historiques Français, par M. Leroux de Lincy. — 2e série. xvie siècle. — Tome II, p. 214. — Paris, Charles Gosselin, 1842, in-12.

M. Leroux de Lincy déclare à la page 586 s'être servi de l'édition de Troyes, 1590. Il y a ajouté une courte notice historique.

6° Chanson nouvelle de Montgommery. — Avec un préambule de M. Duplessis. — Chartres, Garnier, 1843, in-12.

A la mort de M. G. Ratel Duplessis, qui avait donné ses soins à cette réimpression, chacun des soixante exemplaires du tirage qu'il en avait fait fut vendu 28 fr. (Brunet, manuel du libraire, 1860, 6ᵉ éd. t. 1, vº chanson, col. 1784).

C'est la seule fois que cette chanson ait fait l'objet d'une édition spéciale.

M. Duplessis avait également réimprimé « une *Chanson historique de Jeanne d'Arc* ; une autre d'un *Soudart faisant la sentinelle sur les remparts de Metz* ; enfin une dernière sur *MM. Cinq Mars et de Thou.* »

7º Recherches archéologiques sur l'Histoire militaire du château et de la ville de Vire. — Par Dubourg d'Isigny. — 1837, in-8º.

Reproduction de la 9ᵉ strophe seulement, composée de 10 versets : Vire sait bien comment etc.

Dubourg d'Isigny qualifie cette chanson du titre de ballade.

8º Annales religieuses, civiles et militaires de l'Avranchin, par l'abbé Des Roches. — Caen, in-4º, p. 374.

Cet auteur a évidemment copié le précédent. Il ne répète que la même 9ᵉ strophe et l'on en doit conclure qu'il ne connaissait que cela ; il n'était pas dans ses habitudes de faire grâce d'un iota lorsqu'il savait quelque chose.

9º Histoire du protestantisme en Normandie, par M. G. Le Hardy. — Caen, Legost-Clerisse, 1869, p. 269.

A son tour, celui-ci a transcrit le pareil couplet, d'après l'abbé Des Roches, selon son aveu.

M. Le Hardy appelle cette pièce de poésie populaire un Vau-de-Vire.

Enfin, cette chanson avait été signalée dans la Bibliot. hist. de la France, par le P. Le Long, n° 18,224, t. 2, p. 267 et elle se trouvait dans le cabinet de M. Fevret de Fontette, conseiller au parlement de Dijon.

Malgré toutes ces reproductions, la chanson de Montgommery est restée à peu près complétement ignorée. Nous pouvons donc, dans les conditions que nous indiquons, la considérer comme une œuvre nouvelle.

Quant à vouloir en faire ressortir ou en analyser la valeur littéraire, ce n'est point notre affaire : nous dirons seulement qu'elle porte l'empreinte et le cachet de son époque. C'est l'une des compositions les plus anciennes de ce genre : on pourrait même croire qu'elle a servi de modèle à quelques autres qui eurent une certaine vogue populaire et qui sont aujourd'hui oubliées comme elle.

Pour nous, nous avons fait choix, aussi bien que MM. Leroux de Lincy et Duplessis, de l'édition de 1590 (1). Comme étant la plus ancienne, sinon l'édition *princeps*, c'est elle qui devait être suivie et mériter toute préférence. Saint Amour et les autres ont cependant adopté diverses variantes, dont nous avons cru devoir tenir compte et que nous indiquerons en notes.

Cette chanson historique, à notre estime, ne devra pas déparer notre recueil et contribuera, nous l'espérons, à son succès.

Hippolyte SAUVAGE.

(1) La copie manuscrite de Caillebotte reproduisait, au contraire, l'édition de 1699, qui est défectueuse et à laquelle il manque un verset du 8° couplet.

L'histoire du comte de Montgommery est trop connue pour que nous la répétions ici, même en abrégé, quand la chanson populaire que nous réimprimons la donne avec tant d'exactitude et de naïveté. Nous nous contenterons de déplorer, comme nous l'eussions fait peut-être au XVIe siècle, si nous eussions été plus raisonnable qu'on ne l'était alors, de déplorer, disons-nous, que Montgommery n'eût pas mieux compris, dans son intérêt, qu'après son meurtre involontaire, ce qu'il avait de plus prudent à faire, c'était de chercher à se laisser oublier de la veuve irritée d'Henri II. Mais nous en parlons bien à notre aise, nous qui vivons à trois cents ans environ de cette époque où la religion prenait chez la plupart des hommes énergiques du temps la couleur et l'allure d'une passion violente et implacable, qui les conduisait souvent aux plus cruels excès. L'excuse de Montgommery est donc à la fois dans son époque et dans son caractère vif, belliqueux et turbulent, si toutefois ce peut être là une excuse.

Cette chanson populaire, contemporaine de l'événement, nous a paru digne d'être tirée de l'oubli, et nous l'avons réimprimée à 380 exemplaires.

F. LIARD.

CHANSON

Sur la Mort de Mongommery (1).

(Sur le chant : Du Capitaine Lorge).

1

Combien est oublieux,
qui se fie à fortune !
Encor plus malheureux,
qui par trop l'importune !
En sont souventes fois,
les princes et les roys
en grand meschef et honte :
moy très bien le congnois,
qui naguères estois
de Mongommery comte.

2

Fortune m'a esté
favorable en jeunesse ;
mais elle m'a contristé,
arrivant en vieillesse :
la France m'a cogneu
Chevalier bien reçeu

---

(1) Dans toutes les éditions anciennes le t du mot Montgommery se trouve supprimé. Elles orthographient Mongomery avec une m ou 2 mm.

monté en fort bon ordre (1)
et l'un des plus subtils ;
aussi estois-je fils
du capitaine Lorge.

3

De Henry nostre Roy
gentilhomme de la chambre,
j'estois en bel arroy,
adroict de corps et membre ;
bien joüer je scavois
de lances et longs bois,
piques et halebardes.
Aux jouxtes et tournois
l'on me tenoit pour choix (2)
capitaine des gardes.

4

Par un fatal destin
le Roy voulant s'ebattre
me dist par un matin
qu'à moy vouloit combattre ;
par son commandement,
fus armé promptement (3).
Sans penser mal ne vice (4),
de ma lance un éclat

(1) Leroux. de Lincy var. comme Sainct George.
(2) Ler. de L. var : l'on me prenoit pour chois.
(3) Ler. de L. var : vistemont.
(4)   id.   var : sans penser à nul vice.

roide, pointu (1) et plat
le tua dans la lice (2).

5

Le Roy, par testament,
prononça à voix haute
que n'avois nullement
envers lui commis faute.
Toutes fois j'eus trémeur,
en craignant la rigueur
du sang Royal et l'ire,
et par bonne raison
à Ducé (3) ma maison
soudain je me retire.

6

Quand je fus à Ducé,
bien-tost en grande vitesse,
le prince de Condé
m'envoya autre adresse.
Alors je commençay
en pensant m'avancer,
à lever des gens d'armes :
prestres en tous quartiers
moines et cordeliers
sentirent mes alarmes.

(1) Leroux de Lincy var : pointe.

(2)   id.   var : sa lice, c'est-à-dire dans sa course.

(3) Montgommery possédait effectivement le château de Ducé, près Avranches. Il existe encore.

7

Je fus trop rigoureux
à Rouen, bonne ville,
par un séditieux
Monsieur de Mandreville ;
car j'eus le cœur si haut,
que j'attendis l'assaut (1)
du Roy et de sa mère :
en voyant leurs efforts,
que n'estions les plus forts
passames la rivière (2).

8

Sans faire long séjour,
sur la mer prins mon erre.
Me donna du secours
la Royne d'Angleterre :
tost je repassay l'eau (3),
vins battre le chasteau (4)
de Caen, aussi la ville.
Par un subtil hazard,
je tuai Renouard (5),
un capitaine habille.

(1) Ed. de 1699, var : que n'attendis ce qui donne un sens très-différent.

(2) Ler. de L., var : sailly sur la rivière.

(3) Nous rappelons que ce vers n'existe pas dans les éditions de 1624, 1670 et 1699. — On nous a encore indiqué la variante : et saillant du bateau.

(4) L'éd. de 1699 dit vins combattre.

(5) Ed. de 1699 : j'en tire.

9

Vire scait bien comment
j'avois grande puissance.
Leurs moines et couvents,
je mis en décadence :
bourgeois mal entendus
qui ne s'estoient rendus,
fis estrangler et pendre.
Leurs images doréez
au feu furent jettéez
et leurs thrésors fis prendre.

10

Du pays Navarrois
bientost je prins la voye
et point je n'espargnois
ne Biard (1), ne Biscoye.
Abbayes, prieurez,
et leurs joyaux dorez,
mettois en ma valisse (2) :
et mesme mes soldats
n'estoient pas trop couards
à piller mainte église.

11

Du prince Navarrois
à Paris fus aux nopces,

(1) Var. de 1699 : ny Bearn, ni Biscaye.
(2) Var. de 1699 : en mauvalise.

mais tousjours je craignois
qu'il n'y eut playe ou bosse.
Ainsy le cas advint (1)
que l'admiral (2) fut prins,
et maints grands capitaines,
dix mille hommes tuez,
et leur sang épanchez,
souffrant de mort les peines.

12

Estant bien adverty
du banquet et festage,
soudain je suis party,
laissant tout mon bagage ;
sus ma belle jument
chevauchay vistement,
trente lieues tout d'un erre.
craignant les poursuivans,
avec femme et enfans,
passay en Angleterre.

13

D'un très mauvais conseil
j'eus la teste estourdie,
et sans grand appareil
revins en Normandie.

(1) Var. de 1699 : le cas advint ainsy. — Le vers suivant exige une rime masculine au mot prins.

(2) L'amiral de Coligny.

A Sainct Lo j'arrivay,
Coulombiers y trouvay,
tenant fort dans la ville.
Pour me penser happer (1)
Matignon fit camper (2)
bien des soldats dix mille.

14

Sans avoir sauf conduict,
quand la nuict fut fort brune (3) ;
sans mener aucun bruict
je poussay ma fortune.
Le camp j'ay traversé,
sans y estre blessé ;
fis longue chevauchée.
Jeudy cinquiesme may
mis Mortaing (4) en esmoy,
où fis briève couchée.

15

Le vendredy matin
de Dam-front prins la voye,
pensant avoir butin
tant d'or que de monnoye.

(1) Happer, attraper, atteindre.

(2) Var. vint camper.

(3) Ed. de 1699 : lors que la nuit fut bruge.

(4) L'éd. de 1699 dit Matignon en esmoy. Le sens de la phrase où FIS BRIÈVE COUCHÉE exige évidemment le mot MORTAIN, ville par laquelle dut passer Montgommery.

Tant de jour que de nuict
Matignon me suivit,
vestu de ses armures.
Dix mille hommes de front,
campa devant Dam-front,
le dimanche à sept heures (1)

16

Las! Je ne pensois pas,
si tost avoir la chasse,
desjà pressois mes pas (2),
pour prendre aucune place (3).
Peu de gens nous estions,
et si point nous n'avions
pièce d'artillerie,
tant d'en bas que d'en haut,
nous soutinmes l'assaut,
en faisant grand tuerie.

17

A force de canons
ont battu la muraille,
et de plusieurs cantons,
soldat vint à l'escaille (4) :

(1) Ed. de 1590. Var.: d'abord puis à sept heures.

(2) Ed. de 1590, var.: déjà prenois repas.

(3) Ed. de 1699 var.: quelque place.

(4) Var. de 1699: gens vinrent à l'escalade. Ce dernier mot ne rime pas avec muraille.

Devroyent avoir grand deuil (1),
pour prendre un homme seul,
de faire tant d'alarmes :
dans ce camp Dom-frenois (2),
je vis le long d'un bois,
bien dix mille gens d'armes.

18

Mais voyant leurs efforts,
je ne fis résistance,
apprehendant la mort,
je fis obéissance.
Au noble chevalier,
me rendis volontiers,
de face gracieuse.
A Sainct Lo m'ont mené
et puis m'ont ramené
à Paris, ma haineuse.

19

Là, je pensois trouver
de mon bon Roy la grâce,
la mort m'en a gardé,
ne l'ay point veu en face :
je n'ay trouvé en court
que bien peu de secours,

---

(1) Var. de 1699 : ils devroient estre houteux. — Houteux ne rime pas non plus avec seul.

(2) Var. de 1699 : Damfrontois. — Autre Donfernois. — La leçon de 1699 se rapproche davantage du nom actuel des habitants de Domfront.

et cruelle justice.
Dessus un eschaffault,
mon chef bailler me fault (1);
c'est mon dernier supplice.

20

Comtes, barons, marquis,
a moi (2) prenez bien garde,
l'honneur que j'ay acquis,
ma mort point ne retarde.
Quand songerez à moy
jugez, seriez vous vray (3) ;
Qui vous donne à cognoistre
qu'il ne faut point vouer (4),
Encor moins se jouër
jamais contre son maistre.

---

(1) Ed. de 1699, var.: porter me faut.

(2) Ed. de 1699, var.: ah prenez.

(3) 1699, var.: juges, serez pour vray.

(4) 1699, var.: joûter. Vouer est dans le sens de faire serment, jurer ; joûter ne serait qu'une répétition du mot suivant jouer ; ce serait répéter deux fois la même chose.

CINQUIÈME PARTIE

MONTGOMMERY

Ce fragment de notre publication n'a pas besoin de préambule.

Nous l'avons choisi entre les diverses compositions à raison de sa méthode synthétique. Nous aimons à voir ainsi peser les arguments et les conclusions des auteurs divers ; le pour et le contre présentés avec le sang-froid et le calme qui conviennent à l'historien impartial ont toujours eu pour nous un très-vif attrait; et nous recherchons surtout la vérité au milieu des sentiments si variés de ceux qui ont été les témoins des faits discutés.

Dans leur magnifique ouvrage de « La France protestante » (1), MM. Haag, auxquels nous faisons notre emprunt, ont essayé de retrouver le dernier mot de la capitulation de Montgommery se constituant, à Domfront, le prisonnier de son vainqueur. Ils ne l'ont pas rencontré et nous croyons qu'il ne peut être constaté qu'entre les pièces du procès criminel fait au téméraire chef Huguenot, et dont l'existence jusqu'ici, que nous sachions, n'a été signalée par personne. Si elles ont survécu, elles ne peuvent avoir été conservées que dans les plus anciennes archives du Parlement de Paris, sous les combles de cet antique palais qui a scruté tant de consciences coupables et qui recèle tant de mystères impénétrables. Ce serait donc au milieu d'elles que devrait être la capitulation de Domfront, si toutefois elle a jamais été faite par écrit et signée, ce dont nous doutons toujours, persuadé qu'entre gen-

(1) 1857, tome VII, art. Montgommery.

tilshommes il a suffi d'engagements d'honneur donnés de part et d'autre de vive voix. Une pareille découverte mériterait à coup sûr tous les honneurs d'un volume dans la collection des documents inédits de l'histoire de France.

Du reste, bien qu'aujourd'hui, dans notre recueil actuel, nous apportions nous-même un certain nombre d'éléments nouveaux dans ce grand débat historique, nous ne pouvons nous dissimuler qu'il reste encore beaucoup à connaître. Ainsi nous avons pu donner une série presque complète des dépêches expédiées par la Cour à Matignon, mais nous n'avons pas les dépêches envoyées par le général, commandant en chef, au souverain : c'est une lacune que nous tenons nous-même à signaler. Or, il en résulte que la capitulation authentique, ou mieux encore les circonstances précises, certaines et détaillées, dans lesquelles elle eut lieu, restent ainsi inconnues. Il y a donc encore beaucoup à glaner pour les chercheurs.

Au surplus, notre but à nous a été constamment d'étudier cette question spécialement au point de vue de Domfront, de sa ville, de son château fort : le nom de Montgommery n'a jamais été pour nous qu'au second plan.

Ajoutons qu'il n'est jamais entré dans notre pensée de nous établir arbitre du grand débat que l'histoire agite toujours autour de ce fier capitaine, dont certains auteurs font un héros digne de toutes louanges et les autres un véritable brigand méritant sans conteste toutes les vengeances de Catherine de Médicis et de la postérité. Le premier est resté sympathique, tandis que la seconde jugée avec sévérité a attiré sur elle bien des passions violentes et bien des haines. Chaque historien a parlé d'eux à son propre point de vue.

Si nous nous sommes longuement occupé de cet illustre huguenot qui, dans l'un des plus brillants faits d'armes de son siècle, soutint, presque seul et avec quarante de ses compagnons, sans autres ressources que leur vaillance personnelle, les assauts répétés de l'armée royale, disposant de moyens puissants et qui sans exagération aucune s'élevait au moins à une douzaine de mille hommes, c'est que notre château de Domfront fut le théâtre de cette lutte acharnée dont la longue temporisation et le but évident étaient, d'après les ordres de Charles IX et de Catherine de Médicis, la capture de Montgommery vivant. Ce résultat atteint, il dut payer au bourreau le malheur de n'avoir pas été atteint d'un coup de feu sur la brèche.

Hippolyte SAUVAGE.

GABRIEL DE MONTGOMMERY

A DOMFRONT

SA DÉFENSE ET SA CAPITULATION

D'après la France Protestante

Par MM. Eug. et Em. HAAG (1).

Les mécontents n'eurent garde de négliger un capitaine d'une si haute valeur. Indépendamment de son zèle pour la cause des protestants, Montgommery avait un motif personnel pour accepter leurs propositions. Son frère Saint Jean, appelé Saint Jenets (2), dans les Mémoires de Bouillon (3), venait d'être assassiné par ordre de Matignon « parce qu'il commençait à se montrer » ; il devait avoir à cœur de venger sa mort. Il obéit donc avec empressement à l'ordre du duc d'Alençon, qui l'appela en France. Débarqué aux Rades, à la tête de quelques réfugiés, le 11 mars 1574, il marcha sur Saint-Lô, où il entra sans résis-

---

(1) Nous ferons observer que le texte de la France Protestante ne contient aucune note, et que toutes celles qui suivent sont de nous.

(2) Louis de Lorges, jadis abbé commendataire de Falaise, et connu sous le nom de Saint-Jean.

(3) Tom. XLVIII, p. 53.

tance ; puis alla mettre le siége devant Carentan, qui lui ouvrit ses portes le troisième jour. De retour à Saint-Lô, il ne tarda pas à y être investi par Matignon. Manquant de fourrages pour sa cavalerie, et comprenant d'ailleurs qu'il lui serait plus avantageux de tenir la campagne, il confia le commandement de la ville à son ami Colombières, et, à la tête de quelques chevaux, il fit une sortie si vigoureuse qu'il força un corps de garde ennemi.

Il atteignit Carentan, où il laissa son fils Lorges et son gendre Gallardon (1), puis courut à Domfront, dont deux frères, René Le Héricé et Ambroise Le Héricé, surnommé Le Balafré, avaient saisi le château par escalade, dans la nuit du 26 février 1574. De prompts secours, amenés par le capitaine La Touche (2), et par Jacques De Clairay-Guichaumont (3), lieutenant de la compagnie de Montgommery, avaient mis

(1) Jean de Refuge, comte de Couesme, sieur de Gallardon, avait épousé Claude de Montgommery.

(2) Il y a ici une erreur évidente. Il nous est appris, en effet, par Boispitard que Ambroise Le Héricé, accompagné d'un soldat, s'était emparé seul du château de Domfront, par escalade. Il y fut secouru ainsi que le dit la France Protestante, par le capitaine La Touche et par Guichaumont. — Or, puisque René Le Héricé se trouve ainsi dans la forteresse avec son frère, il faut en conclure, à l'appui de nos observations précédentes, que La Touche et René Le Héricé ne sont qu'un même personnage.

(3) Voir page 120, note 1.

les deux frères à même de repousser jusque-là les attaques des lieutenants de Matignon.

Montgommery y arriva le 8 mai.

Son intention n'était point de s'y arrêter : mais le désir d'apaiser un différend survenu entre Ambroise Le Héricé et le capitaine du Touchet, au sujet du partage du butin, retarda malheureusement son départ. Dès le lendemain, Matignon investit la place, bicoque en ruines, hors d'état de soutenir un siége. Montgommery tenta de s'échapper et de gagner la forêt d'Andaine ; c'était la seule chance de salut qui s'offrît à lui.

Par ses ordres, Brossé-Saint-Gravé (1), Say (2), Chauvigné-Boisfrout (3), des Hayes (4), du Breuil (5) attaquèrent avec vigueur les catholiques, mais ils furent repoussés et rentrèrent dans la ville, laissant au milieu

(1) Christophe du Mats, sieur du Brossay-Saint-Gravey autrement Brossay-Saint-Vincent, fut tué sur la brèche du château, le 24 mai.

(2) Say, du chef de sa femme Jeanne Le Coutelier, était seigneur de Couterne. Voir p. 113, note 1. La France Protestante lui a consacré un article particulier. V° de Frotté.

(3) Chauvigné-Boisfrout qui d'après ce qui est dit plus loin fut mis hors de combat par suite d'une grave blessure, et non tué comme nous l'avions cru, à tort, devint plus tard gouverneur du chât au de Lassai, pour le roi Henri IV.

(4) François Goyet des Hayes, était fils de Jacques. La France Protestante contient un article spécial sur ce personnage (v° Goyet).

(5) Bonenfant du Breuil abandonna plus tard Montgommery, ainsi que le Portal.

des lignes ennemies les cadavres des capitaines Friaize et de quelques soldats.

Le 12, les capitaines Villeneuve et La Touche (1) firent une nouvelle sortie, sans plus de succès. Montgommery, qui n'avait sous ses ordres que 50 chevaux et 90 arquebusiers, dont la désertion éclaircissait les rangs chaque jour, sentit l'impossibilité de défendre la ville, et se retira dans le château (2), dont les vieux murs furent bientôt renversés, sur une longueur de 45 pieds, par le feu de l'armée catholique.

En simple pourpoint, une hache d'armes à la main, le héros se jeta sur la brèche pour la défendre, ou plutôt pour y chercher la mort. Brossé, Chauvigné (3), La Cornière (4), de Terre (5), La Touche, La Mabillière, Du Cros (6), Oulfe (7), Say, Vaudoré (8), des Hayes, Du Mesnil (9), La

(1) René Le Héricé.

(2) D'après tous les auteurs, cette retraite dans le château n'eut lieu qu'à la suite de l'attaque de la ville par Matignon, dont le récit est détaillé dans les lignes qui suivent.

(3) Voir p. 109, note 5.

(4) D'autres auteurs orthographient De Cornières.

(5) On trouve aussi l'orthographe De Thère. Il fut tué.

(6) Du Cros était ministre. Il fut blessé.

(7) Oulfe fut blessé également.

(8) Rioult de Vaudoré.

(9) Il était ministre.

Saussaye (1), Villeneuve (2) accoururent à ses côtés.

En attendant l'ennemi, son chapelain fit la prière (3).

Le combat fut terrible ; après cinq heures d'une lutte acharnée, où l'on vit, chose presque incroyable, 40 guerriers soutenir victorieusement l'effort de plus de 1000 hommes, l'élite de l'armée de Matignon, les assaillants battirent en retraite.

Montgommery reçut deux blessures légères. Mahet-Saussaye (4), Jean Garnier, La Rivière, Oulfe, le ministre Du Cros, Maimberte, Courton, furent mis hors de combat. Brossé, Du Tertre, le ministre Du Mesnil, la Noche tombèrent morts sur la brèche, ce qui réduisit le nombre des défenseurs du château à quinze ou seize, tous plus ou moins découragés.

Montgommery était décidé à soutenir une seconde attaque et à s'ensevelir sous les

(1) Mahect de la Saussaye fut tué le 24 mai d'après les uns et blessé gravement d'après les autres.

(2) Le ministre Villeneuve fut grièvement blessé le 24 mai

(3) C'était le ministre La Butte de Clinchamps, qui fut pendu après la capitulation.

(4) Encore une fois, tous les historiens sont unanimes à reconnaître que la Saussaye appartenait bien à la famille Mahect. On ne saurait donc justifier la prétention toute nouvelle d'un auteur sérieux et de talent, M. Gaston Le Hardy, qui a voulu faire entrer ce personnage dans la famille Le Hardy. Nous avons apporté des preuves nombreuses pour infirmer ses allégations. Voir 2e partie, p. 101 et 129, notes.

ruines du château ; mais les instances de ses compagnons d'armes le firent changer de résolution. Après quelques pourparlers avec Vassé (1), son parent et son ami, qui servait dans les rangs catholiques, il consentit à se rendre, le 27 mai 1574.

D'Aubigné assure que Matignon ne lui donna que des paroles captieuses, lui promettant de ne le mettre en autres mains que celles du roi. Son témoignage est certainement d'un grand poids ; cependant, comme d'Aubigné a été trompé plus d'une fois, soit par ses souvenirs, soit par les mémoires qui lui furent fournis, notamment lorsqu'il affirme que Terride s'en remit « au bon plaisir de la Reine de Navarre », nous ne pouvons partager l'opinon de la Biographie universelle, qui estime que son autorité suffit pour « démontrer la fausseté « de l'assertion de plusieurs écrivains pro- « testants, qui prétendent que la capitula- « tion de Domfront fut violée par le juge- « ment et la mort de Montgommery. »

La Polinière déclare formellement qu'une capitulation fut signée et qu'elle portait « que le comte sortirait la vie sauve et « quelques accoustrements sans autres « armes que l'espée et la dague. Toutesfois « qu'il demeureroit entre leurs mains quel-

(1) Voir p. 114, note 1.

« que certain temps, mais avec bon traite-
« ment et seureté de sa vie. »

De Serres confirme le fait.

D'après les Mémoires de Charles IX, Vassé amena le comte à Paris « contre la « promesse qui lui avait été faite. » Et ce ne sont pas seulement des écrivains protestants, comme la Biographie universelle voudrait le faire croire, qui accusent Catherine de Médicis d'avoir violé le droit des gens. De Thou, il est vrai, ne se prononce pas d'une manière claire et positive : « d'autres nient, dit-il, qu'on lui ait pro-
« mis la vie sauve, ce qui est peu certain. » Cependant il ajoute plus bas : « venere a « reginâ literæ quibus nullam fidei à Mati-
« gnone datæ rationem haberi velle signi-
« ficabat. » Or, si l'on n'avait rien promis à Montgommery, pourquoi cette défense ?

Mais, d'un autre côté l'Estoile, presque toujours bien informé, ne craint pas d'accuser Vassé « d'avoir usé de la foi du temps », pour livrer le chef Huguenot à la vengeance de la Reine-mère, et il affirme que le vaillant capitaine reprocha à ses juges de violer les promesses qui lui avaient été faites à Domfront, lorsqu'il se rendit prisonnier de guerre « à charge expresse qu'il aurait vie et bagues sauves. »

Pour Le Laboureur aussi, pour Arcère et pour vingt autres écrivains catholiques du siècle passé, la violation de la capitulation de Domfront n'est pas douteuse. Parmi les écrivains modernes, Lacretelle dit formellement que Montgommery ne s'était rendu que sous la condition qu'on lui sauverait la vie.

Nous ne multiplierons pas les témoignages : ceux-là suffisent, quand on sait surtout comment Matignon traita les débris de la garnison de Domfront. Non-seulement il permit que ses soldats maltraitassent et missent à rançon les héroïques compagnons du comte, qu'ils en tuassent même plusieurs, quoiqu'il leur eût promis la vie ; mais il fit lui-même pendre Pierre Le Héricé, dit Pissot (1), la Touche (2) et le ministre La Butte.

En apprenant la prise de Montgommery, Catherine de Médicis manifesta une joie extraordinaire.

Dès le 5 juin, elle donna ordre à Violart,

(1) Erreur encore. Matignon ne donna pas ces ordres, mais il laissa faire. En ce, il fit peut-être acte de faiblesse en livrant son prisonnier à Boispitard, qui alla sans doute au delà de ses prévisions et qui eût pu se borner à exiger de le Héricé une simple rançon. Il qui fut entraîné lui-même par les passions violentes et haineuses de ces guerres fanatiques.

(2) Nous avons démontré jusqu'à l'évidence que ces deux noms de Le Héricé et de La Touche appartiennent au même capitaine.

président à Rouen, et à Poisle, conseiller en la grand-chambre à Paris, de se transporter à Caen, pour y faire le procès du comte, qui avait été enfermé dans le château. Mais bientôt, se ravisant, elle fit amener le prisonnier à Paris, le 16 juin, et le livra au Parlement qui le condamna à mort comme complice de la conjuration de Coligny, « à laquelle, dit Lacretelle, per« sonne ne croyait, pas même ses juges. »

Le 26 juin, après l'avoir appliqué à la question extraordinaire, sans pouvoir lui arracher le nom de ses prétendus complices, ni du *Grand* (1) qui lui avait commandé de repasser en France, on le tira de la tour carrée de la conciergerie, qui porte encore son nom, on le jeta dans un tombereau, les mains liées derrière le dos, et on le mena sur la place de Grève, où il fut décapité et son corps mis en quartiers.

La Reine-mère se donna le plaisir d'assister à son supplice.

---

(1) On soupçonnait fort la reine d'Angleterre, Élisabeth, d'avoir prodigué ses conseils à Montgommery et de l'avoir soutenu de ses propres finances. Le duc d'Alençon, frère du roi, était lui-même l'objet de nombreuses suspicions et MM. Haag citent son nom au commencement de cet article.

ÉPILOGUE

Au début de notre publication et dans le préambule de notre première partie, nous avons dit à nos lecteurs que notre intention était d'éditer une série de dépêches du roi Charles IX et de sa mère Catherine de Médicis, ainsi qu'un extrait de la vie du Maréchal de Matignon, par De Caillières, l'un de ses biographes. Ces deux parties devaient être absolument indépendantes l'une de l'autre.

Cependant nous n'avons publié jusqu'ici que la première d'entre elles; nous devons à cet égard quelques explications.

L'intérêt qu'a fait naître la lecture de nos lettres royales, inconnues jusqu'ici à Domfront et dans sa circonscription, a provoqué la communication qui nous a été faite d'un manuscrit précieux, composé au xvi siècle par l'un des vaillants capitaines qui combattaient sous les ordres du commandant en chef de l'armée campée devant le château de Domfront. A cette pièce d'une valeur hors ligne, se sont joints bientôt d'autres documents presque aussi importants.

En les acceptant et en les substituant au récit de De Caillières, nous nous sommes donc trouvés distancés et notre œuvre a pris des proportions beaucoup plus étendues que nous ne l'avions supposé d'abord. Nous avons ainsi publié successivement cinq parties qui forment un ensemble parfait sur un même et unique sujet, le siége de Domfront et ses acteurs.

Mais si cette substitution a eu pour avantage de mettre au jour des pièces presque toutes entièrement nouvelles et que nous avons été fier et heureux de connaître des premiers, c'est avec regret cependant que nous avons dû manquer ou plutôt ajourner l'exécution de nos promesses. On ne nous en fera pas de reproches, nous l'espérons du moins, en raison de la préférence que méritaient incontestablement nos manuscrits : nos lecteurs n'auront rien perdu au change. C'était d'ailleurs pour notre pays et surtout pour un bibliophile une trop bonne fortune et une occasion trop rare pour la laisser échapper.

Du reste, en prenant aujourd'hui congé, nous tenons à dire que nous avons l'intention de faire connaître bientôt et prochainement à nos compatriotes, et la narration de De Caillières, et plusieurs autres fragments historiques que nous tenons en réserve pour eux sur leur contrée et sur le Passais. Ces nouvelles sources auront, nous le pensons, presque autant d'attrait que celles dont nous avons pu disposer jusqu'ici.

Alors seulement nous nous trouverons délié de nos primitifs engagements.

En terminant, il nous reste cependant un dernier devoir à remplir, celui de reporter à quelques-uns de nos amis et de nos correspondants l'expression de nos vifs sentiments de gratitude.

Nous avons déjà nommé plusieurs d'entre eux aux diverses parties de notre volume; qu'ils veuillent bien nous permettre encore de leur dire que nous leur devons beaucoup. Mais entre tous, M. J. Appert a été pour nous d'un dévouement qu'il nous est impossible de laisser ignorer. Après avoir été notre intermédiaire auprès de l'heureux possesseur du manuscrit de Boispitard, il a constamment suivi cette publication avec une sollicitude telle, que si nous avons réussi à en rendre le texte intelligible, les nombreux renseignements et les indications locales qu'il nous a fournis, ont pour beaucoup contribué à ce résultat. Il est pour nous de toute justice de le dire.

Hippolyte SAUVAGE.

ERRATA ET RECTIFICATIONS

Page 1, ligne 6, lisez : authentiques.
Page 8, ligne 6, lisez : Montgommery.
    id.   ligne 9, lisez : dans son parti.
Page 25, ligne 11, lisez : desplaisir, dans un seul mot.
Page 37, ligne 6, lisez ; Levardin.
    id.   ligne 25, lisez : congnoissant.
Page 39, ligne 23, lisez ; devroient estre de longtemps.
    id.   ligne 24, après commandé, ajoutez ;.
Page 40, ligne 12, lisez : vostre charge.
Page 43, ligne 10, lisez : original.
Page 45, ligne 18, lisez : quand je sauray.
Page 52, ligne 25, lisez : Mons' de Matignon.
Page 66, ligne 2, lisez : sera bien paiée.
Page 67, ligne 12, après Villarmoys, ajoutez , .
Page 76, ligne 4, lisez : Corbuzain.
Page 101, ligne 15, lisez : longs bois.
Page 108, ligne 2, lisez : grandes exclamations.
Page 108, note 1, rectifiez : Le Pissot est au nord de la ville de Domfront, à la distance de quelques centaines de mètres des murs, et sous la projection de l'ancienne enceinte fortifiée. Il est situé dans un frais vallon arrosé par le ruisseau nommé le Pissot, au-dessous du cimetière de l'ancienne abbaye des Bénédictines de St-Antoine.
Page 122, ligne dernière, lisez : du lieutenant des Moulins.
Page 124, ligne 7, lisez : chanceau de l'église.

Page 126, ligne 16, lisez : proférant plusieurs malédictions.

Page 127, ligne 5, lisez : ne vauldroit.

    id.   ligne 20, lisez : après doncque que avois.

Page 132, note 3, lisez : le fait paraitre.

Page 143, note 1, lignes 1, 2 et 7, lisez : Nostradamus.

Page 144, ligne 2, lisez : comme elle luy advint.

Pages 158 et 159 : Supprimez les trois premières lignes de la page 159 et les reportez en tête de la page 158 ; il y a lieu de faire ainsi une substitution d'une page à l'autre.

Page 194, ligne 19, mettre la note 5 après les mots je tuai.

Page 199, note 1, ligne 1, lisez : honteux.

TABLE

PREMIÈRE PARTIE.

PRÉAMBULE. — Domfront, son siége de 1574 et sa capitulation.......	1
Dépêches du roi Charles IX et de la reine Catherine de Médicis......	19

DEUXIÈME PARTIE.

PRÉAMBULE. — Domfront, ses divers drames de l'année 1574.........	73
Les deux Frères Le Héricé........	89
Fragments d'un Journal...........	95
Journal manuscrit de Boispitard...	99
La Maison de Montgommery, à Domfront........................	151
Du Touchet.....................	153
Surprise du Mont St-Michel en 1577.	155
La Patrière.....................	157

TROISIÈME PARTIE.

PRÉAMBULE. — Les deux siéges de Domfront et de Saint-Lô...........	165
Fragment de l'histoire manuscrite du Cotentin, par Toustain de Billy..	173

QUATRIÈME PARTIE.

PRÉAMBULE. — La Chanson de Montgommery.................	186
Chanson sur la mort de Montgommery......................	191

CINQUIÈME PARTIE.

PRÉAMBULE. — Montgommery.........	203
Gabriel de Montgommery, d'après la France Protestante.........	207
Epilogue........................	217
Errata et rectifications...........	221

OUVRAGES DU MÊME AUTEUR

1. *Chroniques de Mortain.* — Mortain, 1850, in-12.
2. *Recherches historiques sur l'arrondissement de Mortain.* — Mortain, 1851 ; 1 vol., in-8° de 400 pages. (Ouvrage mentionné honorablement par l'Académie des Inscriptions et Belles Lettres, au concours de 1852).
3. *Mortainais historique et monumental.* — in-8°. De 1 à 17. — 17. Le théâtre du collége royal de Mortain.
4. *Légendes recueillies dans l'arrondissement de Mortain.*— Mortain, in-12, 1858.
5. *Etrennes Mortainaises* — de 1854 à 1859. 6 vol. — Mortain, in-18.
6. *Notice Biographique* sur M. Moulin. — Paris, 1855, in-8°. (Extrait du Panthéon universel).
7. *Notre-Dame de Rancoudray.* — Mortain, 2ᵉ édition, in-12, 1860.
8. *Bibliographie Normande.*— In-8°.— De 1 à 8.
9. *Notre-Dame de Lonlay* (Orne); son abbaye de l'ordre de Saint-Benoît, ses monuments, son histoire. — Domfront, in-8°, 1865 — avec un plan du monastère.
10. *Mayenne en 1589 et 1590.*—Mayenne, 1865, in-8°.
11. *Histoire du canton de Couptrain* (Mayenne). — Couptrain, — Mayenne, 1865, in-4°.
12. *La Bataille de Tinchebray* (Orne). — Domfront, 1867, in-8°.

13. *Esquisses biographiques.* — In-8°. — De 1 à 3. (Avec un portrait de Gab. de Boylesve, évêque d'Avranches).
14. *Etudes diverses.* — In-8°. — De 1 à 7.
15. *La Prinse du comte de Montgommery dedans le chasteau de Donfron, par M. de Matignon.* — Domfront, 1868, in-12.
16. *Voyage à Mortain.* — Mortain, 1868, in-12.
17. *Usages ruraux du canton du Louroux-Bécannais* (Maine-et Loire). — Angers, 1868, in-8°.
18. *Arnaud, évêque du Mans et Johel, abbé de la Couture.* — Avranches, 1869, in-8°.
19. *Notice sur les Seigneurs de Domfront* (Orne). — Alençon, 1869, in-8°. — Avec une vue des fortifications de cette ville.
20. *Légendes Normandes.* — Angers, in-12, 1869.
21. *Notice sur St-Hilaire-du-Harcouët.* 2ᵉ édition. — Caen, 1871, in-8°.
22. *Un canton de l'Anjou pendant la Terreur.* — Angers, 1873, in-12.
23. *Domfront — Ses divers drames de l'année 1574. — La Chanson de Montgommery.* — Domfront, F. Liard, 1879, in-12.

DOMFRONT. — IMPRIMERIE DE F. LIARD.

www.ingramcontent.com/pod-product-compliance
Lightning Source LLC
Chambersburg PA
CBHW071950160426
43198CB00011B/1629